MT 심리학

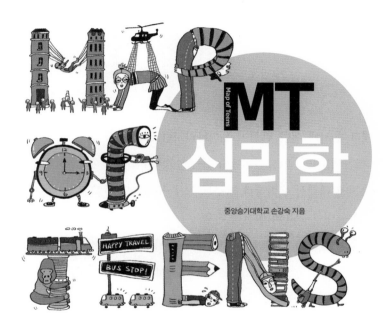

MT
Map of Teens
심리학

중앙승가대학교 손강숙 지음

청어람장서가

시리즈를 발간하며

대학 입시에 대한 관심이 우리나라처럼 많은 곳도 없을 것이다. 하지만 대학에 대한 많은 관심에도 불구하고, 막상 대학에 가서 무엇을 배우는지에 대해서는 학생과 학부모 모두 구체적으로 모르고 있는 것 같다. 이는 대학 교육의 실질적 내용보다는 대학 졸업장 취득 여부에만 큰 관심을 기울이는 세태의 반영일 수도 있지만, '대학 가는 것'을 인생의 중요한 목표로 삼고 있는 중·고등학생들에게 대학의 교육 내용을 쉽고 친절하게 설명해 주는 자료가 없었기 때문일 것이다.

〈나의 미래 공부〉 시리즈 'Map of Teens'는 중·고등학생들의 후회 없는 선택과 성공적인 공부를 위해 기획되었다. 자신의 삶을 크게 테두리 지을 대학의 각 분야별 공부가 구체적으로 어떤 것인지 스스로 읽고 판단하는 데 도움이 될 것이다. 또한 이것이 내가 정말로 하고 싶은 것인지, 잘할 수 있을 것인지를 스스로 또는 부모님, 선생님과 함께 고민하고 결정할 수 있게 만들어 줄 것이다. 아직 자신의 적성을 모른다면, 이 시리즈에 포함된 다양한 공부의 길들을 비교해 보면서 역으로 자신의 흥미와 열정을 발견할 수도 있을 것이다.

대학의 다양한 학문이 무엇을 배우고 연구하는지를 아는 것은 단지 '나의 선택'만을 위해 중요한 것은 아니다. 사회의 다른 구성원들이 무엇을 공부하는지 아는 것도 매우 중요한 일이다. 사회의 범위가 지구촌으로 확대되고 있는 지금, 나의 이웃이 무엇에 관심을 가지고 공부하고 있는가를 아는 것은 우리 모두의 공동 번영을 위해 필수적일 수밖에 없다. 이런 경향을 반영하듯 각 학문은 서로의 분야를 넘나들며 융합되고 있고, 대학에서 한 가지 전공만을 공부한다는 것은 이제 지난날의 일이 되었다. 사회에서 요구하는 인재상도 멀티플 전공으로 바뀌고 있다. 우리가 자신만의 전문성을 가지되 다양하고 폭넓은 공부를 해야 하는 이유가 여기에 있다.

〈나의 미래 공부〉 시리즈 'Map of Teens'는 이러한 시대적 요청에 충실하면서도, 수많은 학문의 내용을 자세히 들여다볼 시간이 없는 독자들을 위해 각 분야의 핵심을 한눈에 알아볼 수 있도록 요약하려고 노력하였다. 여기에는 각 해당 분야 전공자들의 많은 노력이 숨어 있다. 오랜 시간 축적돼 온 각 학문의 내용과 새롭게 추가되는 연구 성과들을 가능하면 우리 실생활과 연관시켜 쉽고 재미있게 설명하기 위해 고심한 필자들의 노고에 감사드린다. 이 시리즈가 중·고등학생들이 미래를 찾아가는 학문 여행에 꼭 필요한 지도가 되길 바라며, '나만의 미래 공부'를 찾아 여행을 떠나 보자.

2020년 4월
시리즈 기획위

인문계열

국문학 | 영문학 | 중문학 | 일문학 |
문헌정보학 | 문화학 | 종교학 | 철학 |
역사학 | 문예창작학

Map of Teens

여행을 떠나기 전
학과 지도를 펼쳐 보자

세상은 넓고 학과는 많다.
학과에 대한 호기심과 나에 대해 알아보려는 의지만 있으면 여행 준비 끝!
자, 이제부터 나의 미래를 찾기 위해 힘차게 떠나 보자!
놀라운 학과 세계와 지적 모험이 여러분을 기다리고 있을 것이다.

사회계열

심리학 | 언론홍보학 | 정치외교학 | 사회학 | 행정학 | 사회복지학 | 부동산학 |
경영학 | 경제학 | 관광학 | 무역학 | 법학 | 콘텐츠학

예체능계열

영화학 | 음악학 | 디자인학 | 사진학 |
무용학 | 조형학 | 공예학 | 체육학

교육계열

교육학 | 교육공학 | 유아교육학 | 특수
교육학 | 초등교육학 | 언어교육학 | 사
회교육학 | 공학교육학 | 예체능교육학

공학계열

생명공학 | 기계공학 | 전기
공학 | 컴퓨터공학 | 신소재
공학 | 항공우주공학 | 건축
학 | 조경학 | 토목공학 | 제
어계측학 | 자동차학 | 안경
공학 | 에너지공학 | 환경공
학 | 화학공학

의약계열

의학 | 한의학 | 약학 | 수의학 | 치의학 |
간호학 | 보건학 | 재활학

물리학 | 화학 | 천문학 | 수학 | 통계학 | 식
품영약학 | 의류학 | 지리학 | 생명과학 | 환
경과학 | 원예학

자연계열

청소년을 위한 심리학 안내서

　최근 심리학에 대한 중·고등학생들의 관심이 날로 증가하고 있다. 몇몇 고등학교에서는 심리학 동아리가 생겼으며 디자인 계열 및 광고학과, 경찰행정학과, 사회복지학과, 교육학과, 아동학과 등에 입학하려는 학생들은 자신의 진로 결정을 위하여 심리학 관련 분야를 알고 싶어 한다. 그렇지만 고등학교용 심리학 교과서를 제외하면 청소년이 읽을 만한 심리학 관련 책이 거의 없다.

　심리학이라는 단어가 들어간 책은 많지만 정작 내용은 심리학과 거리가 먼 책들이 많아서 그런 책을 읽으면 심리학과가 무엇을 배우는 학과인지 정체성을 뚜렷하게 알기 어렵다. 또한 심리학의 이해나 심리학 개론서들은 이해하기 어려운 것들이 많다. 나는 중·고등학생을 포함하여 대학생, 성인 등 심리학에 대한 정보를 알고 싶은 사람 누구라도 쉽게 접할 수 있는 책이 필요하다는 생각을 해 왔다.

　이 책은 심리학이 궁금한 학생들에게 심리학을 소개하는 안내서가 될 것이다. 특히 심리학과에 진학하려는 학생뿐만 아니라 심리학이 무엇인지 궁금한 모든 사람에게 한눈에 심리학을 살펴볼 수 있는 일종의 심리학 지침서가 될 수 있을 것이다.

이 책은 심리학이란 무엇인지 알아보고, 심리학을 빛낸 심리학자들을 통해 심리학의 역사를 살펴보는 것으로 시작한다. 또 심리학과에 진학하면 무엇을 배우게 되는지 한국심리학회 산하 15개 심리학 분과를 중심으로 다양한 심리학 분야를 소개하였다. 심리학과를 졸업한 후에 어떤 일을 할 수 있는지 심리학과 관련된 진로에 대해 탐색하는 장도 마련하였다. 그리고 열세 명의 고등학생들과 함께한 심리학 교실을 통해서 청소년이 심리학에 어떻게 접근하는지 살펴보았다.

독자들은 심리학을 통하여 더 깊고 넓은 마음의 세상을 경험하게 되고, 그 마음을 서로 다른 거울을 통해 바라볼 수 있다는 것을 확인하게 될 것이다. 또한 청소년은 이 책의 다양한 심리학 분야를 접하면서 심리학이 단지 하나의 학문으로만 존재하는 것이 아니며 우리 삶 속에 함께한다는 사실도 알게 될 것이다.

이 책에는 심리학에 몸담고 있는 심리학 분야의 대표적인 전문가인 심리학자, 상담자, 연구자, 이론가들과 심리학에 관심을 가지고 있는 학생들의 진솔한 이야기가 담겨 있다. 여러분에게 그들의 지혜와 도전을 전할 수 있어서 무척 기쁘게 생각한다.

2020년 4월
저자 손강숙

CONTENTS

심리학 여행의
첫걸음

마음연구소

심리학이란

마음은 어디에 있을까? 마음은 형체도 없고, 냄새도 없고, 부피도 알 수 없지만, 분명히 존재한다. 책상 앞에 앉아 있는데 친구들과 놀고 싶고, 공부하면서도 내일 있을 시험이 걱정된다. 새로 전학 온 친구와 친해지고 싶지만 친구에게 다가가는 것을 주저한다. 엄마가 좋은데 엄마가 미워진다. 그것이 바로 마음이다.

그렇다면 마음을 어떻게 알 수 있을까? '열 길 물속은 알아도 한 길 사람 속은 모른다.'라는 속담에서도 알 수 있듯이 사람의 마음을 아는 것은 쉽지 않다. 그것이 바로 사람들이 심리학에 관심을 갖는 이유다. 심리학은 사람의 마음을 비춰 볼 수 있도록 해 주는 거울이다. 거울 속에 비친 내 마음을 들여다보는 여행을 시작해 보자.

나는 왜 내 친구와 다른가?
나는 왜 엄마와 말하고 싶지 않은가?

심리학 여행의
첫걸음

나는 왜 다른 사람들의 눈치를 보는가?

나는 왜 침묵하는가?

나는 왜 친구들과 같이 있고 싶은가?

나는 왜 화가 나는가?

나는 왜 계획이 없는가?

나는 왜 울고 싶은가?

마음에 던졌던 수많은 질문의 답을 심리학 여행에서 찾을 수 있을 것이다.

심리학은 마음을 뜻하는 심(心), 이치를 뜻하는 리(理), 학문을 뜻하는 학(學)으로, 마음의 이치를 다루는 학문이라는 뜻이다. 또한, 심리학(Psychology)은 그리스어로는 영혼을 뜻하는 psyche, 이치를 뜻하는 logos의 합성어이다. 결론적으로, 심리학은 마음의 이치를 찾아내는 학문이다.

그렇다면 마음이란 무엇인가? 인간의 마음은 내적인 경험으로, 지각, 사고, 기억, 감정으로 구성된 의식의 흐름이다. 지각은 아침에 등교하면서 우리 반 친구들을 알아보게 한다. 친구와의 아침 인사는 우리의 사고를 조직화하고 친구와 소통할 수 있도록 한다. 기억은 친구가 좋아하는 것, 싫어하는 것을 알게 하고 친구에게 같은 실수를 반복하지 않도록 한다. 감정은 친구 관계에서 일어나는 의미 있는 사건에 대해 반응하도록 하고 친구와의 우정을 끈끈하게 한다.

그런데 이런 모든 마음은 어디에서 오는가? 마음은 어떤 과정을 거쳐 우리의 행동에 영향을 주는가? 이러한 주제들이 심리학의 연구 대상이다.

심리학은 인간이 왜 웃고, 울고, 화가 나고, 즐거운지 등 마음과 관련된 질문에 대해 관찰이 가능한 행동을 측정함으로써 그 답을 찾는 과학이다. 인간의 행동은 모두 관찰할 수 있다. 심리학은 인간의 행동에 대해 질문을 하고 그 질문에 대답한다.

심리학자는 인간의 마음과 행동을 연구하는 방법을 보여 준다. 이를 통해 우리는 지혜롭게 선택하고 행동하는 방법을 배울 수 있다.

심리학은 사람의 마음과 행동을 과학적으로 연구하는 학문으로 다양한 영역에서 사람의 마음과 행동을 연구한다. 인간의 인지, 정서 및 성격 영역과 이 영역들의 생물학적 기저와 발달 과정, 또 사회 행동, 이상 행동 및 조직 행동이 모두 심리학의 연구 분야들이다.

인간을 이해하기 위하여 사회학, 경제학을 비롯한 다양한 사회과학 영역은 사회적 구조와 맥락 및 문화 등을 연구한다. 또한, 예술과 종교, 인문학은 직관과 서술적인 방법으로 인간을 이해하고자 한다. 반면, 심리학은 과학적 실험 방법론을 사용하여 인간의 행동과 마음을 연구한다.

심리학 여행의
첫걸음

예를 들면, 실험심리학은 통제된 상황에서 사람들의 행동, 사고, 감정을 연구한다. 상과 벌 같은 강화와 처벌을 통해서 사람들의 행동을 이해하고 이를 실생활에 적용하고자 했다. 사회심리학에서는 다수의 사람들이 모였을 때 책임이 분산되는 방관자 효과와 같은 군중 심리, 반대로 다른 사람을 돕고자 하는 이타심 등과 같은 사회 현상에 대한 조사와 분석을 했다. 또, 우리 학교에 있는 선생님들을 살펴보면 미술 선생님과 수학 선생님의 특성이 다른 것을 알 수 있다. 성격심리학은 사람들의 성격과 개인차에 대해서 연구한 분야다. 연구자들이 나름의 기준을 가지고 사람들의 성격을 분류하고 설명한 결과 지금 우리가 널리 사용하는 성격 검사들이 탄생하게 되었다. 그리고 인류라는 '종'의 신체가 진화한 것과 마찬가지로 마음도 진화했다는 생각을 한 사람들이 있었다. 그 사람들이 바로 진화심리학자들이며 마음의 진화 방향과 마음이 진화하는데 영향을 주는 많은 환경적 요소에 대해서 연구하고 있다.

  이처럼 각 심리학 영역이 독특하게 구축되고, 자신만의 색깔을 발휘하는 과정을 통하여 지금 우리가 심리학에 대해서 친근하게 여길 수 있을 정도로 많은 발전을 이룩했다. 현대의 심리학은 여기서 더 나아가 다른 여러 분야 연구들의 융합과 통합에 중심적인 다리 역할을 하고 있다.

마음은 누가 처음으로 궁금해 했을까? 인간이 탄생한 시점부터 인간은 자신의 몸과 마음에 대해 알고 싶어 했다. 여행을 떠나기 전에 심리학의 역사를 알아보자.

심리학은 독일 작센 주 라이프치히 대학에서 시작되었다. 1879년 빌헬름 막시밀리안 분트(Wilhelm Maximilian Wundt, 1832~1920)라는 실험심리학자의 작은 실험실에서 사람의 마음을 깊이 탐구하는 근대 심리학이 탄생했다. 의학을 전공한 분트는 취리히 대학의 철학과 교수가 되면서 의학에서 사용되는 실험적인 방법을 철학에 도입하였다. 이는 19세기 중엽 독일이 실험심리학 분야에서 독보적인 위치를 차지할 수 있게 하였다. 또한 마음 연구에 과학적인 방법을 사용하면서 심리학이 과학적인 학문으로 자리 잡을 수 있는 계기가 되었다.

마음을 연구한 분트는 젊은 시절부터 심리학과 철학에 관심이 많았다. 분트 이론의 핵심은 '마음은 무엇으로 구성되어 있는가?'이다. 그는 마음이 감각(Sensation)과 감정(Feeling)으로 구성되어 있다고 결론을 내렸다. 분트는 마음을 연구하기 위하여 정신 시간 측정법(Mental Chronometry)을 사용하였다. 어떤 사건의 반응 시간은 하나의 정신 행위로만 구성되어 있는 것이 아니라 세 가지 과정이 연속적으로 일어난다는 것이다. 예를 들어, 사람이 운전을 하다가 신호등을 보면 빨간 신호를 의식에 넣어 감지하는 과정, 빨간 신호등에 주의를 집중하는 과정, 그리고 차를 멈추는 자발적인 행동을 하는 과정이 일어난다. 이러한 연속적인 심리 과정은 독립된 개체로 마음에 작용하는 것이 아니라 복잡한 체계에 따라 작용한다고 보았다.

스위스에서 태어난 장 피아제(Jean Piaget, 1896~1980)는 아이의 성장과 발달에 큰 관심을 가졌다. 피아제는 아동을 관찰한 결과로 사람의 발달을 설명하려고 시도했다.

피아제는 각각 다른 연령의 아동이 각각 다른 생각을 하는지 연구하였다. 사람은 태어나서 2년 정도가 되면 눈앞에 없는 사물일지라도 머릿속에서 그 사물을 그려 볼 수 있고, 7세 정도가 되면 따라하고 싶은 동작을 생각했다가 나중에 그 생각을 다시 꺼내어 행동하고, 장난감 자동차가 살아 있다고 생각하기도 한다. 11~12세가 되면 생각을 논리적으로 할 수 있으며 12세 이후에야 비로소 체계적이고 과학적으로 생각할 수 있는 단계에 도달한다.

오스트리아 빈의 정신과 의사인 지그문트 프로이트(Sigmund Freud, 1856~1939)는 정신적 어려움을 겪는 환자들을 치료하면서 겪은 경험을 토대로 인간의 마음 중 보이지 않는 부분에 관심을 기울이기 시작했다.

프로이트는 마음을 바다에 떠 있는 커다란 빙산에 비유하였다. 프로이트에 따르면, 마음은 의식, 전의식, 무의식이라는 세 개의 구성 요소로 이루어져 있다. 의식은 물 위에 떠 있는 빙산의 일부분이다. 마음의 의식은 지금 그 사람이 알고 있는 것을 말한다. 전의식은 빙산이 물과 만나는 곳이다. 마음의 전의식은 지금은 그 사람이 모르지만 마음만 먹으면 쉽게 알 수 있는 부분이다. 무의식은 물 아래에 감춰져 있는 빙산의 커다란 부분이다. 마음의 무의식적인 부분은 지금 그 사람이 알지 못하면서 그 사람의 행동에 영향을 미치는 부분을 포함하고 있다. 프로이트는 이런 무의식적인 사건이나 과정을 관찰하여 마음에 문제를 일으키는 무의식적 근본 원인을 발견하고자 노력하였다.

러시아에는 이반 페트로비치 파블로프(Ivan Petrovich Pavlov, 1849~1936)라는 생리학자가 굶주린 개를 이전에 경험한 먹이 광경과 종소리에 반응하도록 훈련시켰다. 이를 통해서 조건반사에 대한 개념을 발전시켰고, 사람들의 행동과 그 행동을 만들어 나가는 방법을 이해하는 데 큰 도움을 주었다.

그림 ①은 배고픈 개에게 먹이를 보여 준 것이다. 그림 ③은 개에게

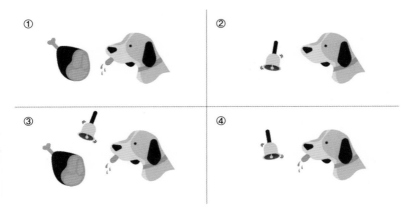

▲ 파블로프의 조건반사 실험

먹이를 줄 때마다 들려주는 종소리다. 그림 ②처럼 배고픈 개는 종소리만으로는 침을 흘리지 않는다. 개에게 먹이를 줄 때마다 종소리를 열 번, 열다섯 번, 스무 번 정도 반복해서 들려주면 그림 ④처럼 종소리만 들려줘도 침을 흘리게 된다. 다시 말하면 개에게 종소리와 먹이를 연속해서 짝을 지어 제시하면 그 횟수에 따라서 침을 흘리는 양이 점차 증가하게 되는 것이다. 파블로프는 사람들도 정신 사건이 짝을 지어 연합하고 습관이 형성되어 행동으로 나타난다고 설명하였다.

러시아의 또 다른 심리학자 레프 세메노비치 비고츠키(Lev Seme-novich Vygotsky, 1896~1934)는 인지심리학과 발달심리학에 대해 고민하고 연구하였다. 그는 사람이 사회와 문화의 영향 속에서 성장해 간다고 하였다.

아동을 예로 살펴보자. 비고츠키는 한 문화 속에 있는 가치와 신념이 어떻게 세대를 거쳐 다음 세대에 전달되는지에 대해 연구하였다. 아동은 문화에 따라 사고와 행동의 계속적인 변화가 일어나며 그 문화의 행동 양식을 습득할 수 있도록 하는 필수 요건은 자신보다 유능한 사람과 말하는 것이라고 하였다.

이제 미국으로 건너가 보자. 전쟁 중인 미국은 군인의 건강한 심리 상태가 매우 중요하였고 군인의 마음을 이해하기 위한 연구를 통해 심리학의 꽃을 활짝 피웠다.

전쟁에 참가할 군인을 선발하기 위한 알프레드 비네(Alfred Binet, 1857~1911)의 지능 검사와 군인을 적절히 배치하기 위한 해롤드 스미스 프린스(Harold Smith Prince, 1854~1929)의 성격 검사와 같은 연구가 활발히 진행됐다.

전쟁 덕분에 시작된 성격 연구는 하버드 심리학 연구소의 헨리 알렉산더 머레이(Henry Alexander Murray, 1893~1988)가 크게 확장시켰고, 이후 조지 켈리(George Kelly, 1905~1967), 칼 로저스(Carl Rogers, 1902~1987)와 같은 성격심리의 대 이론가들이 등장하는 데 영향을 주었다.

미국 펜실베이니아주의 버러스 프레더릭 스키너(Burrhus Fredrick Skinner, 1904~1990)는 1930년대에 쥐와 비둘기가 자발적으로 지렛대를 누르도록 고안한 스키너 상자(The Skinner Box)라는 실험 장치를 만들어 강화 원리를 설명하였다. 스키너는 이 장치를 다른 동물에게도 적용하면서 인간의 다양한 학습 원리를 실험하는데 사용하였다. 또한 관찰할 수 없는 무의식의 심리학을 반대하고 과학으로서의 심리학을 발전시키는 데에 기여하였다.

스키너 상자는 배고픈 쥐가 우연히 지렛대를 눌렀을 때 먹이가 제공되도록 특별히 고안되었다. 처음에 쥐는 지렛대를 눌렀기 때문에 먹이가 나왔다는 것을 알지 못하지만 다시 한 번 우연히 지렛대를 눌렀을 때 또다시 먹이가 나오게 되고, 이러한 과정의 반복을 통해 쥐는 지렛대와 먹이가 관련되어 있다는 것을 '학습'하게 된다. 이는 '먹이'라는 강화물을 통해서 '지렛대를 누르는' 행동이 일어나도록 한 것이다.

▲ 스키너 상자

20세기의 가장 중요한 심리학자인 조지 아미티지 밀러(George Ar-mitage Miller, 1920~2012)는 컴퓨터와 같은 기계가 정보를 다루는 방법을 심리학에 도입하여 사람들의 마음을 과학적으로 이해해 보려고 노력했다. 밀러는 사람이 한 번에 기억할 수 있는 기억의 용량을 밝혀냈으며 이는 매직 넘버라고 부른다. 우리가 흔히 사용하는 전화번호, 우편 번호의 길이를 정하는데 이 매직 넘버가 기준이 되고 있다.

하지만, 사람은 기계처럼 완전히 설명되지 않는 생명체이므로 사람을 '인간답게' 바라봐야 한다는 생각을 가진 사람들도 나타났다. 미국 뉴욕의 빈민가인 브루클린에서 태어난 아브라함 해럴드 매슬로우(Abraham Harold Maslow, 1908~1970)는 인간의 욕구에 대해 연구하였는데 이것이 매슬로우의 욕구 단계 이론이다.

▲ 매슬로우의 욕구 피라미드

심리학 여행의
첫걸음

욕구 단계 이론에서는 인간은 생리적 욕구, 안
전 욕구, 애정과 소속 욕구, 존중 욕구, 그리고
자아실현 욕구와 같은 다섯 가지 욕구를 피라미
드로 표현하며 아래에 있는 욕구가 충족되어야
위의 욕구가 충족된다 하였다.

매슬로우와 같이 사람 그 자체에 관심이 있었던 심리학자로는 칼 로
저스가 있다. 그는 당시 심리학 분야에서 확고한 위치를 가진 프로이
트와 스키너 등의 이론과는 다르게 심리학에 접근하였다. 로저스는
사람이 사건을 어떻게 지각하고 이해하는가에 관심을 두고 사람의 경
험을 중시하였다. 로저스는 그 사람의 세상은 그 사람이 경험한 것이
라고 하였다. 로저스는 마음에 어려움이 있는 사람들의 이야기를 조
건 없이 듣고 공감하는 것의 중요성을 강조하면서 그 사람의 입장이
되어 치유할 수 있도록 도와주는 인본주의 상담을 시작하였다.

최근 심리학은 그동안 중점적으로 다루었던 마음의 어려움이나 장
애에서 벗어나 사람들이 가진 긍정적인 측면을 탐구하고, 인간의 행복
과 성장에 대해서 살펴보자는 긍정심리학이 활발하게 진행되고 있다.
이는 미국 펜실베이니아 대학 심리학과 교수이며 미국 심리학회 회장
으로 활동한 마틴 셀리그만(Martin Seligman, 1942~)을 중심으로 이
루어지고 있다. 특히 긍정심리학은 삶의 세 가지 주요한 방식, 즉 즐거
운 삶, 참여하는 삶, 그리고 의미 있는 삶을 증진시키고자 노력하고 있

다. 특히 사람들의 대표 강점을 확인하고 촉진하면서 즐거움, 용서, 감사를 강조하고 있다.

사람들이 무엇을 하고, 왜 그것을 하는지 이해하기 위해서는 '사람들이 세상을 어떻게 생각하는가?'가 중요하다. '마시멜로 실험 (Marshmallow Test)'을 한 미국 콜롬비아 대학교의 심리학 교수인 월터 미쉘(Walter Mischel, 1930~2018)은 사람들의 머릿속에 있는 것이 행동에 영향을 미치고 있다는 것을 명확하게 밝혀냈다. 미쉘과 그의 동료들(Ebbesen & Zeiss)은 4세의 아이들이 그들 앞에 놓여 있는 마시멜로를 먹지 않고 기다리는 것에 영향을 주는 요인이 무엇인지에 대한 연구를 실시하였다. 미쉘과 그의 동료들은 아이들이 마시멜로를 머릿속에 떠올리면서 그것을 마시멜로라고 생각하지 않고 나무 막대기라고 생각하는 '자기 지시'를 통하여 만족을 지연시키는 능력이 있다는 것을 발견하였다. 기다리지 못하고 마시멜로를 먹는 아이들과 달리 기다린 아이들은 이성적으로 반응하고, 이성을 사용할 수 있는 계획을 가진 아이들인 것이다.

지금까지 우리는 독일, 스위스, 오스트리아, 러시아, 그리고 미국을 함께 여행하면서 여러 심리학자를 만나 보았다. 이제 우리가 만난 심리학자들이 우리의 마음에 관한 연구를 어떻게 하였는지 그 길 위를 걸어가 보자. 여행을 하다 보면 간혹 길을 잘못 들 수도 있고 길을 잃게 될 수도 있지만 조금 더 걷다 보면 다시 그 길 위를 걷게 될 것이다. 지금부터 여러분은 미지의 여행길 위에서 자신을 더 많이 발견하게 될 것이다.

마음을 연구하는 학문

심리학자들은 다양한 방법으로 마음을 측정해 왔다.

실험적 접근 : 변인 중 하나를 조작하고 그것이 다른 변인에 미치는 효과를 관찰함

실험적 접근은 연구자가 흥미를 느끼는 변인들을 실험적으로 직접 통제하여 사람의 마음을 재는 연구 방법이다. 최초의 실험실을 만든 분트, 헤르만 에빙하우스(Herman Ebbinghaus, 1850~1909)의 반복이 기억에 미치는 효과, 파블로프의 고전적 조건화, 존 왓슨(John. B. Watson, 1878~1958)의 자극 반응 연합의 발달, 클라크 헐(Clark Hull, 1884~1952)의 학습에서 자극 반응, 스키너의 조작적 조건화는 모두 실험 연구로써 질문지를 사용하는 상관적 접근보다 훨씬 더 과학적인 것으로 간주되어 1950~1960년대 심리학 분야에 막강한 영향력을 행사하였다.

상관적 접근 : 사건이나 특성이 함께 변화하는 정도를 살펴봄

상관적 접근은 개인의 관찰이 아닌 많은 사람으로부터 얻은 자료를 바탕으로 하며, 측정을 중요하게 여겼다. 프랜시스 골턴(Francis Galton, 1822~1911)은 개인의 다양한 특성을 측정하기 위하여 수많은 피험자(심리학적 실험에 연구 대상으로서 참여하는 사람)의 질문지를 사용하여 지능과 재능의 개인차가 유전이 된다는 결론을 내렸다. 찰스 스피어만(Charles Spearman, 1863~1945)은 지능이 개인차가 있는지 연구하면서 수백 명의 피험자에게 정신 능력 검사를 실시하였다. 즉, 한 가지 능력이 높은 사람이 다른 능력에서도 높은 경향이 있는지에 대한 상관적 검사를 통하여 일반 지능 요인을 발견하였다.

임상적 접근 : 한 사람의 삶을 관찰하고 기술함

임상적 접근은 한 사람의 삶과 심리적인 문제를 상세하게 기술하는 방법이다. 프랑스 신경의학자 장 마르탱 샤르코(Jean Martin Charcot, 1825~1893)의 히스테리 환자 최면 치료를 시작으로, 모튼 프린스(Morton Prince, 1854~1929)의 2개 이상 서로 다른 분리된 성격을 가진 개인에 대한 사례 연구까지 임상적 접근에 대한 연구가 진행되었다. 프로이트는 몇 주일, 몇 달, 몇 년 동안 환자들의 말을 귀 기울여 듣고, 자세하게 관찰하면서 그 사람의 상황과 증상을 기술하였다.

교수님과 함께 떠나는
심리학 여행

1. 심리학의 열다섯 가지 분야

2. 심리학과에서 배우는 과목들

심리학은 사람과 마음에 대한 복잡하고 다양한 측면에 대한 접근인 만큼 여러 세부 분야가 있다. 다양한 심리학의 갈래를 살펴보자.

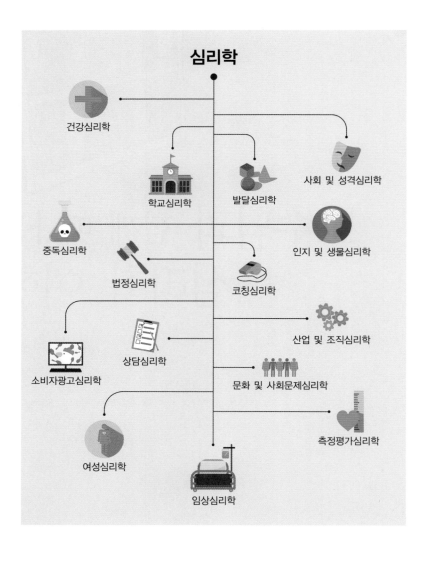

심리학의 열다섯 가지 분야

① 건강심리학(Health Psychology)

평소 자주 하는 인사말 중에 '감기 조심하세요.', '밥 챙겨 드세요.' 등 건강을 걱정하는 말이 많다. 그만큼 우리의 삶은 건강과 밀접하게 연관되어 있다. 건강한 삶과 반대되는 말은 건강하지 않은 삶이다. 어떤 사람을 건강한 사람이라고 생각하는가? 건강한 사람은 신체적인 질병의 유무로만 구분하는 것이 아니라 심리적, 사회적으로도 건강한 사람을 말한다. 특히 최근에는 심리적, 사회적 요인의 중요성이 부각되면서 건강심리학에 대한 관심이 급성장하고 있다.

건강심리학은 1978년 미국심리학회의 제38번째 분과로 설립되었다. 건강심리학 분과는 다음의 4가지를 목표로 한다. 첫째, 질병의 원인과 기원을 과학적으로 연구한다. 둘째, 건강을 증진시킨다. 셋째, 질병을 예방하고 치료한다. 넷째, 공공 건강 정책과 건강 관리 체계를 증진시킨다. 이러한 목표에 부합하여 건강심리학자는 마음과 몸, 즉 생물학적, 심리적, 사회적 요인들이 함께 작용하여 개인의 건강을 결정한다고 보고 생물학적 · 심리학적 · 사회학적 관점에서 연구하고 있다.

생물학적 측면에서 건강심리학은 우리가 경험하는 모든 생각이나 기분은 유전, 신경계, 면역계에 영향을 미친다는 건강의 신체적 측면에 초점을 두는 것이다. 이러한 생물학적인 측면은 인간의 행동과 지속적으로 상호 작용한다. 어떤 학생은 친구의 농담 섞인 말 한마디에도 쉽게 화가 폭발하는 경우가 있다. 이런 학생은 스트레스와 관련된 질병에 취약하다. 건강심리학자는 이러한 생물학적 측면과 행동의 상호 작용 과정은 어떠한지 그리고 그 영향이 무엇인지 연구하는 사람이다.

심리학적 측면은 인간의 사고, 지각, 동기, 정서, 학습, 주의, 기억 등 심리학의 주제들이 건강에 미치는 영향에 초점을 두는 것이다. 건강과 질병은 사람의 태도에 영향을 받는다. 예를 들어, 학생들이 학교에서 비슷한 스트레스 상황을 경험하지만 각 학생마다 그 상황을 어떻게 해석하는가, 어떻게 평가하는가에 따라 신체적, 심리적으로 스트레스 반응은 다르게 나타난다. 따라서 건강심리학자는 사람이 일상생활 속의 스트레스를 이완시켜 효율적으로 자신의 스트레스를 관리할 수 있도록 긴장 관리 방법과 같은 심리적 개입 방법을 연구한다.

여러분이 어려움에 처했을 때 누가 사회적 지지자인가? 가정에는 보호자가 있고 학교에 가면 또래 친구가 있을 것이다. 만일 여러분 주변에 그런 지지자가 아무도 없다고 가정해 보자. 누군가로부터 지지받는 느낌은 스트레스 호르몬의 영향을 낮추고 신체의 면역 방어를 강하게 만든다. 따라서 사회적으로 고립되지 않은 사람은 고립된 사람보다 더 건강한 삶을 사는 것이다. 이처럼 사회적 측면 요소가 우리의 신념, 태도, 행동뿐만 아니라 건강에도 영향을 미친다는 것이 사회적 측면에서의 건강심리학이다. 즉, 사회적 특성을 고려하면 인간의 마음은 주변 상황에 의존적이라고 볼 수 있다.

최근의 건강심리학은 문제가 발생한 후 치료하는 전통적인 접근 대신에 강점을 기반으로 예방적 접근을 중시하는 운동이 전개되고 있다. 긍정심리학자 마틴 셀리그만은 심리학이 질병이 있는 사람뿐만 아니라 건강한 사람을 더 건강하게 하는 데 초점을 두어야 한다고 강조하였다. 또 사람의 약점이 아니라 강점을 키워 주는데 관심을 가져 평범한 사람이 건강한 삶을 살아가도록 도움을 주어야 한다고 하였다. 셀리그만은 심리학자들이 사람들에게 즐거운 삶, 관여하는 삶, 의미 있는 삶을 사는 기술을 가르쳐 주는 것은 그동안 해 왔던 고통을 덜어 주는 기술과 다르며 사람들이 지속적으로 행복하고 건강한 삶을 살도록 해 준다고 하였다.

어떤 사람이 건강한 방식으로 행동하는 사람일까? 탄력성(Resilience)은 어려운 환경임에도 불구하고 예외적으로 잘 적응하는 것으로써 건강한 삶의 필수 요소이다. 뇌는 스트레스를 받으면 어떻게 반응할지 결정한다. 그리고 뇌는 신체의 여러 신경계 시스템을 조절한다. 스트레스를 자주 받거나 신경계 시스템 조절에 문제가 생기면 만성 질환을 일으킬 수 있다. 그러나 긍정심리학자들은 실험 연구를 통하여 생애 초기에 어떤 사건에 노출되는 경험은 알로스테틱 과부하(균형이 허물어지는 지점)에 대한 저항력을 증진시킨다는 것을 발견하였다. 공동의 우리에서 자란 쥐가 개별적으로 자란 쥐보다 급성 스트레스에 대한 탄력성이 높았다.

다른 하나는 자기통제감이다. 통제감은 건강을 해치는 행동을 피할 줄 알고 건강한 방식으로 행동할 줄 안다. 연구 결과, 통제감이 높은 사람은 코르티솔 수준이 낮아(부신피질에서 생성되는 스테로이드 호르몬의 일종으로 외부의 스트레스와 같은 자극에 맞서 분비되는 물질) 스트레스를 경험한 이후에도 원래 상태로 회복되는 시간이 빨랐으며 사회적 계층이나 경제적인 능력과 상관없이 더 건강하고 만족한 삶을 사는 것으로 나타났다. 정서적 털어놓기(Emotional Disclosure)도 건강을 증진시킨다. 사교 활동은 신경내분비계 건강과도 연결되어 있다. 사람들은 고통스러웠던 순간 느꼈던 억울함, 분노, 두려움, 슬픔 등의 감정을 털어놓음으로써 자율신경계 활동과 면역 기능을 변화시킨다. 화가 나거나 짜증이 났을 때 친구들과 수다를 떨어서 기분 전환을 한 경험이 있을 것이다. 그것이 바로 털어놓기의 묘미다.

정기적인 운동은 기분을 좋게 만든다. 공원을 걷거나 집 주변을 산책할 때 기분이 어떤가? 운동은 불안과 스트레스를 덜고 자존감과 자기효능감을 높여 준다. 신체 활동의 심리적인 이득은 스트레스를 많이 지각하는 사람일수록 좋다. 유산소 운동은 뇌와 신경세포의 성장을 증가시켜 학습과 업무 수행에 도움이 되고 정기적인 운동은 인지 기능의 증진과 치매, 알츠하이머병의 위험을 감소시킨다. 이처럼 건강 심리학자는 몸과 마음의 관계에 대한 끊임없는 연구를 통하여 사람의 행동을 이해하고 건강 문제를 다루고 있다.

여러분은 어떤 방법으로 삶을 건강하게 만드는지 한 번 되돌아보기 바란다.

② 학교심리학(School Psychology)

학교심리학은 학생의 마음, 인지, 성격의 발달과 적응을 연구하는 분야이다. 학교심리학은 심리학적 지식과 원리를 교육 현장에 응용하여 학교에서 심리학을 적용하는 것에 초점을 맞추고 있다. 학교심리학은 학교 안의 가장 기본 단위인 학생에서부터 출발하여 학생이 소속된 교실, 학생을 가르치는 교사, 학교 일을 돕는 교직원뿐만 아니라 학교의 모든 시스템이 포함되는 전체 학교까지 연구하는 심리학 분야이다. 먼저 학생의 학업 성취, 학생의 마음, 학생들의 관계, 행동과 관련된 문제 등 학생이 성장하고 배우는 다양한 환경을 평가한다. 또한, 학업상 어려움을 분석하고, 학교생활에 적응하지 못하는 원인을 찾거나, 상담이나 교육 프로그램을 제공하는 개입을 한다. 뿐만 아니라 잠재적으로 위험성을 가지고 있는 모든 학생의 건강한 적응과 발달을 위해 예방 프로그램을 실시한다. 최근 학령기의 아동·청소년이 여러

가지 원인으로 인해 겪는 우울이나 불안과 같은 정서 문제, 학교 폭력, 학업 중도 포기와 같은 행동 문제를 겪는 경우가 증가하고 있다. 이런 문제를 조기에 발견하고 개입하며 개인·사회적 발달을 촉진하도록 돕는 전문가의 역할을 하는 사람이 학교심리학자이다.

학교심리학자는 학교 폭력의 가해자와 피해자에 대한 연구를 다양한 측면에서 실시하고 있다. 학교 폭력의 피해자는 어떤 유형인가? 학교심리학자에 따르면, 외모, 독특한 버릇, 또 단지 어울리지 않는다는 이유 등으로 학교 폭력의 피해자가 된다. 부모의 과잉보호나 지배적인 태도 아래 자란 아이, 장애나 만성 질환을 앓는 아이도 따돌림의 대상이 되기 쉽다. 불안정하거나 욱하는 아이, 학업 성취도가 높은 아이도 괴롭힘을 당한다.

아동·청소년이 왜 공격적으로 변할까? 가해자는 사회적 문제를 해결하는 방법을 모르며, 관계를 시작하고 유지하는 능력이 없다. 뿐만 아니라, 공격적인 아이는 모호한 사회적 단서를 적의적인 것으로 해석하는 경향이 더 많으며 다른 사람의 정신 상태에 대해 이해하지 못한다. 마음이론(Theory of Mind)에 따르면, 가해자는 다른 사람의 태도가 상처를 주는 행동을 통해 어떻게 변화되고 조작되는지 알고 있다. 그렇다면 가해자는 이런 뛰어난 능력을 왜 다른 사람을 해치는데 사용하는가? 학교심리학자 서턴(Sutton)과 그의 동료들은 가해자가 타인을 돕는 태도와 행동을 가치 있게 생각하지 않으며 공감 능력이 없기 때문이라고 보았다. 매네시니(Menessini)와 그의 동료들도 가해자는 정서적으로 자기중심적이고, 피해자에 대한 동정심이 없고 자신의 공격 행동에 대하여 후회하지 않는다고 하였다.

학교심리학자의 학교 폭력 예방적 개입

폭력인가? 비폭력인가?

   학교심리학자는 예방 차원에서 학생에게 폭력과 비폭력 중 무엇을 선택할 것인가에 대한 교육과 훈련 프로그램을 고안한다. 그중 하나가 영화를 보고 생각을 나눠 보는 것이다. 관련된 영화 한 편을 소개한다.

▲ 〈인 어 베러 월드(In A Better World, 2010)〉

영화 〈인 어 베러 월드〉의 간략한 줄거리는 이러하다. 의사인 안톤은 아내 마리안느와 별거 중이고, 덴마크와 아프리카를 오가는 의료 봉사를 하며 혼자 살아간다. 10살 난 그의 아들 엘리아스는 학교에서 상습적인 따돌림과 폭력을 당하고 있다.

한편, 아프리카 캠프에 간 안톤은 난민을 무자비하게 학살하는 반군 지도자의 심각한 부상을 치료하게 된다. 안톤은 의사로서 도덕적 책무와 양심 사이에서 심각한 딜레마에 빠지게 된다. 폭력적이고 잔인한 현실 앞에서 마주하게 되는 복수와 용서. 결코 선택하기 쉽지 않은 이 두 갈래 길에서 안톤은 어떤 선택을 할까? 그리고 여러분이라면 무엇을 선택할 것인가?

학교심리학자의 학교 폭력 사후 개입

학교심리학자는 학교 폭력 사안이 발생한 뒤 학생, 학부모, 교사, 학교 관계자를 위한 상담 및 자문을 실시한다.

학교 폭력 사안 처리

▶ 자치 위원회(심의 위원회)

학교 폭력
사건 발생 → 신고 접수
학교장 보고 → 전담 기구
사안 조사 → 갈등 조정
기간

화해된
경미 사안 → **학교**
학교장 종결

학교
자치위 심의·의결

이관
사안

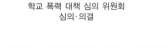

교육지원청
학교 폭력 대책 심의 위원회
심의·의결

▶ **심의 위원회 이관 사안**
공동자치위 사안 및 중대 사안 / 심의 결과에
대한 조치는 학교에서 실행

불복

▶ 자치 위원회(심의 위원회) 심의 의결

불복 → **학교 폭력 재심특별위원회**
관할 : 교육청

불복 → **행정법원**
피고 : 학교 폭력 재심특별위원회
관할 : 행정법원

교수님과 함께 떠나는
심리학 여행

③ 중독심리학(Addiction Psychology)

사람들은 자신이 좋아하는 음식을 먹고, 좋아하는 게임과 좋아하는 운동 등을 하고 싶어 한다. 이 중에는 너무 좋아서 놓을 수 없지만 나쁜 영향만을 끼치는 것도 있다. 예를 들어 매일 마시던 술을 마시지 않으면 마시고 싶은 충동을 억제할 수가 없고, 매일 피우던 담배를 피우지 않으면 잠이 오지 않는다. 알코올이나 담배와 같은 물질이 우리 몸 안에 들어오면 혈관을 타고 우리의 뇌로 들어오게 되고 뇌와 신체 일부에 영향을 미친다. 이러한 영향은 우리의 사고와 감정에 변화를 유발하게 되고 과도한 양은 중독으로 이어진다.

중독이란 유전적, 심리·사회적, 그리고 환경적인 요인을 포함하는 만성적인 신경생물학적 질병이다. 중독은 일시적으로 기분을 변화시키고 판단력을 상실하게 만들며 어떤 물질은 장기적인 문제를 유발한다. 인터넷, 도박, 섭식, 쇼핑, 성, 성형, 일, 스포츠 등 다양한 형태의 중독은 자신이나 주위에 폐해를 초래하고 이를 조절하려고 하지만 통제력을 잃고 반복하는 행동을 하게 된다. 중독은 심각한 부정적 결과를 초래하지만 중독에 빠진 사람은 중독 대상을 지속적으로 찾는다. 중독은 개인적인 문제이기도 하지만 사회적인 문제이다. 중독심리학은 다양한 중독 문제를 효과적으로 이해하고 체계적으로 접근하기 위해 등장한 학문이다. 따라서 중독심리학자는 물질과 행동, 중독과 관련된 심리학적 연구, 중독에 관한 전문 서비스 제공, 중독 예방 정책 등 과제를 제안하는 일을 하고 있다.

무엇이 중독을 유발할까? 정신 역동 관점(인간 행동의 바닥에 있는 심리적 힘에 대하여 체계화된 연구와 이론)에서는 어린 시절에 원인을 두는 강력한 의존성 욕구 때문이라고 믿는다. 부모가 양육에 대한 아동의 욕구를 만족시키지 못할 경우 혹은 어린 시절의 상실감으로 인하여 아동은 편안함을 줄 다른 대상에게 과도하게 의존한 채 성장할 수 있다. 인지행동 심리학자들은 알코올이나 담배로 인한 일시적인 긴장의 완화라는 보상 효과와 기대감으로 그런 반응을 다시 찾게 된다고 보았다. 생물학적인 관점에서는 유전적 소인과 중독과의 관련성을 연구하고 있다.

중독은 어떻게 치료할 수 있는가? 1960년대 후반부터 중독 행동의 현대적인 치료 체계가 발달하기 시작하였으며, 중독 이론의 변화에 부응하여 치료 체계가 빠르게 성장하였다. 심리학적 모델에서는 정신병리, 정서적 역기능, 학습의 결여가 중독 행동을 일으킨다고 본다. 따라서 치료자들은 중독을 유도했다고 믿는 잠재적인 욕구와 갈등을 밝히고, 혐오 치료를 사용하여 중독 대상에 대한 부정적인 반응을 일으키게 한다. 또한 재발 방지 훈련을 통하여 자신의 역기능적 생활 양식을 변화시키고 잘못과 실수에서 배우도록 교육하고 있다. 정신의학에서는 약물 처방과 같은 생물적인 요소에 대한 처방을 하며 자조 집단 참여로 통제력 결여를 인정하면서 변화 동기가 생기도록 유도

한다. 실제로, 알코올 중독자 모임에서는 서로의 경험을 나누고 더 나은 삶의 방법을 모색하고 있다. DSM-5(정신질환 진단 및 통계 매뉴얼)에서는 중독 패턴이 물질 유도성인지 다른 종류의 경험에 의해 촉발되는 것인지의 여부에 대해 연구한다. 중독 분야가 발전하면서 많은 긍정적인 변화가 생겨나고 있으며 특히 중독 내담자의 변화 동기를 증진시키는 새로운 핵심 기술과 전략이 개발되고 있다.

이처럼 중독심리학은 삶의 질을 낮추고 있는 물질 및 행동 중독과 관련된 심리학적 연구, 전문 서비스, 그리고 정책 과제를 다루고 있다.

익명의 알코올 중독자 모임

　1935년 A.A.(Alcoholics Anonymous)가 시작된 이래로 전 세계 수백만의 사람이 알코올 중독 회복 프로그램인 A.A.에 참여하고 있다.

　사람들은 알코올 중독을 건강상의 문제로 보고 있으며 A.A.에 오는 알코올 중독자는 대개 자기가 겪은 경험, 자기가 느끼는 두려움을 나누고 좀 더 나은 삶의 방법을 추구한다. 그와 관련된 영화를 소개한다.

　영화 〈남자가 사랑할 때(When A Man Loves A Woman, 1994)〉의 엘리스는 A.A. 중독자 모임에서 자신의 알코올 중독에 대해 회상한다. 엘리스는 술에 취한 채 어린 딸아이를 데리고 쇼핑하러 갔다가 집에 와서야 아이가 없는 걸 알게 된다. 엘리스는 아이를 어느 상점에 두고 왔는지 기억이 나지 않을 정도로 심한 알코올 중독이었다. 그렇게 나약한 자신이 너무나 증오스럽지만 자신을 미워할 수 없어 그 증오심을 남편한테 쏟아부었다. 남편에게 다시 잘해 보자고 말하고 싶지만 자존심이 허락하지 않아 별거 중이며 결국 헤어지게 될 것 같다고 울먹이며 고백한다. 그 말을 들은 회원들은 모두 위로와 응원의 박수를 보낸다.

교수님과 함께 떠나는
심리학 여행

익명의 도박 중독자 모임

G.A.(Gamblers Anonymous)는 생존과 관련된 문제성 행위에서 벗어나고자 자발적으로 구성된 모임이다. 스스로 발전을 꾀하도록 서로 돕는 동료 집단이며 자조 모임의 목적은 동료 집단의 공감과 지지와 격려를 통해 자신의 정신적, 정서적 문제를 치유하는 것이다. 더 나아가 다른 사람의 회복을 도움으로써 자신의 회복을 담보하는 데 있다.

청소년 도박 문제 실태

2018년 청소년 도박 문제 실태 조사 결과, 중학교 입학 전 게임 도박을 경험한 청소년 비율이 69%로 나타났다. 2015년도에 비해 17.2%나 늘었다.

온라인용 도박은 쉽고 빠르게 결과가 나와 중독성이 높다. 그러기에 불법 인터넷 스포츠 베팅, 불법 인터넷 카지노 게임 등 불법 인터넷 도박을 하는 순간 순식간에 중독이 될 수 있다.

한두 명이 도박에 빠지면 교실과 학교 전체가 도박판이 될 수도 있다. 예방이 가장 중요한 만큼 교육 효과가 큰 초등학생을 대상으로 집중 상담과 교육이 이루어지도록 해야 한다는 목소리가 높아지고 있다.

④ **법정심리학**(Forensic Psychology)

　법정심리학 분야에서 우리는 '법, 범죄, 범인, 재판, 유죄, 무죄, 판결' 등 평소에 들어 보지 못한 말들을 듣게 된다. 이런 단어들과 사람의 '마음'이라는 말을 연결시켜 보자. 다시 말하면 죄와 마음의 연결이라고 할 수 있다.

　범죄심리학은 법정심리학, 법심리학, 경찰심리학 등과 관련이 있으며 사법 적용 시 심리학의 필요로 범죄심리학자들은 각 분야에서 범죄에 대한 심리학적 연구를 수행하고 있다. 프로파일링은 경찰에서 공식적인 수사 기법이 되었으며 범죄심리학은 범죄 예측과 범죄자 교정에 이르기까지 확대되고 있다. 심리학이 범죄와 관련된 것은 범죄 행위에 대한 정신 이상과 같은 심리학적 측면이 고려되면서 시작된다. 과거에 범죄심리학은 범죄의 원인에 대한 연구를 주로 하였으나 최근에는 연구 방법론의 발전으로 인간 내적 기능의 저하와 손상이 범죄 연구의 주제로 떠오르고 있다. 뿐만 아니라 범죄의 실증적 연구들은 심리적 원인, 범행 동기 등을 밝히는 범죄 행동에 대한 연구들과 살인, 강간, 성범죄, 아동 학대 등 특정 문제 행동에 대한 심리학적 분석도 주요한 연구 주제가 되고 있다.

　범죄심리학 분야는 특정 범죄인의 심리적 기제를 연구하는 것부터 경찰이나 법원에서 활용되는 심리학적 연구 영역까지 아우르며 궁극적으로는 범죄 예방 연구를 수행하는 분야로 정의할 수 있다. 범죄자가 범행 당시나 재판 당시에 정신적으로 불안정한 것이 인정되면 재판을 받기에 적합할 때까지 정신과 시설에 보낸다. 범행의 경우, 정신적으로 불안정했기 때문에 범죄에 책임이 없다고 판단되어 '정신 이상에 의한 무죄(Not guilty by reason of insanity)'를 탄원할 수 있고 자신의 주장에 대한 근거로 법정에 정신 건강 전문가를 소환하며 무죄가 확정되면 개선될 때까지 치료를 받는다. 또한 재판의 경우, 정신적으로 불안정하여 재판 과정을 이해하지 못하고 자신을 스스로 변호할 수 없다고 판단되는 경우에도 치료를 받게 된다. 법심리학자 또는 정신과 의사가 범인이 해리성 정체감 장애(Dissociative Identity Disorder, 2개 이상의 분리된 성격이 각각의 정체성, 특성 및 기억을 지니는 정신의학적 장애)를 경험하고 있고 범죄가 행해졌다고 판단하면 법은 이 범죄자에게는 어떤 선고가 적당할 것인지에 대해 판단하게 된다.

사법 단계에서 심리학의 적용

사법 단계에서 심리학의 적용은 판결 단계 이전과 판결 단계, 그리고 판결 단계 이후로 나눠 볼 수 있다.

우선 판결 단계 이전에서는 목격자 진술, 인터뷰 기술, 신문과 자백, 그리고 범죄자 프로파일링에서 심리학이 적용된다. 인간의 기억에 관한 심리학 연구들은 목격자 진술의 정확성을 저해하는 요인들을 알아내는 데 활용된다. 인터뷰 기술에서는 면담 기법에 심리학이 활용된다. 신문과 자백에서는 이전의 거짓 자백 사례를 분석하고 허위 자백의 특성을 파악한다. 범죄자 프로파일링은 범죄자 유형에 관한 정보를 제공함으로써 용의자의 범위를 축소하는데 도움을 준다.

판결 단계에서는 범죄자의 유전, 지능, 범죄자를 둘러싼 가정, 학교, 사회 환경과 범죄 행동 당시의 상황이 범죄와 어떤 연관이 있는지에 대해 연구하며 범죄 행동 사고의 흐름도 포함된다. 심리학자는 법정이나 청문회에서 범행 당시 범죄자의 정신적인 상태를 설명하는 등 현장에서 자신의 전문적인 지식을 적용한다.

판결 단계 이후 심리학자들은 다양한 심리 평가 방법을 활용하여 재소자에 대해 객관적인 분류를 통한 재소자의 위험성을 평가하여 수용 및 교화의 효율성을 확보한다. 또한 보석 및 가석방 결정과 치료 감호 결정에서 재범 위험성을 예측한다.

사이코패스는 타인의 고통에 공감할까?

최근 범죄심리학자들은 사이코패스, 소시오패스 등 범죄 고위험군의 심리 특성에 영향을 미치는 신경심리학적 원인 기제를 탐색함으로써 이들에 대한 조기 개입, 차별적인 형사 정책의 필요성을 입증하는 타당한 연구적 기반을 제공하고 있다. 사이코패스의 뇌는 일반인과 어떻게 다를까? 다음 그림을 살펴보자.

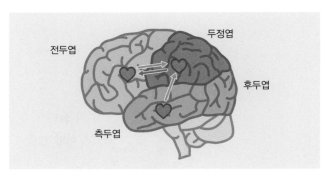

▲ 뇌의 거울뉴런과 공감 반응

그림에서 ♥표시는 공감 반응을 하는 거울뉴런이다. 전두엽 전운동피질 아래쪽과 두정엽 아래쪽, 측두엽 이 세 곳은 뇌섬엽(대뇌 반구에서 가쪽 고랑 깊은 곳에 묻혀 있는 대뇌 겉질의 부분)으로 서로 신호를 주고받으며 정보를 처리해 지각한 행동의 의미를 파악한다.

길을 가다가 누군가가 다쳐서 피를 흘리는 것을 본다면 우리는 "어머머, 어

떡하지!" 이런 소리를 지르게 된다. 그 이유는 타인의 아픔이나 감정을 공감하기 때문이다. 공감을 잘하는 사람은 뇌섬엽이 높은 반응을 보인다. 사이코패스의 뇌는 다르다. 사이코패스 같은 특정 그룹 사람은 공감 능력이 없고 뇌섬엽이 제 기능을 하지 못한다. 에시 비딩(Essi Viding)에 따르면, 심각한 사이코패스의 반사회적인 행동의 주요 원인은 신경학적 손상이라 보고 있다.

해리성 정체감 장애, 내 안의 또 다른 나

▲ 〈프라이멀 피어(Primal Fear, 1996)〉

법정 스릴러 영화 〈프라이멀 피어〉에서 주인공인 용의자 애런 스탬플러는 극심한 정신적 장애인 해리성 정체감 장애(다중 인격 장애)를 겪고 있다. 해리성 정체감 장애란 둘 혹은 그 이상의 구분되는 성격이 발달된 것이다. 발달된 성격들은 흔히 하위 성격 혹은 대체 성격이라고 불리고 각각은 개인의 기능 상태를 지배하는 독특한 기억, 행동, 사고, 감정을 가진다.

임상가 스틸은 해리성 정체감 장애는 초기 아동기 외상이나 학대 경험, 성학대 경험 이후에 시작된다고 하였다. 예전에는 굉장히 드문 장애였지만 오늘날 많은 임상심리학자들이 해리성 정체감 장애의 존재를 인정하고 있다.

⑤ 소비자광고심리학(Consumer Advertising Psychology)

학교 앞 문방구를 떠올려 보자. 어떤 물건을 먼저 고르게 되는가? 색깔이 예쁜 것을 사는가? 물건에 쓰인 '문구'를 보고 사는가? 계산대 바로 옆에 있어서 사는가? 텔레비전 광고를 보고 사는가?

1901년 노스웨스턴 대학의 월터 딜 스콧(Walter Dill Scott, 1869~1955)이 "심리학의 원리가 판매나 광고에 응용될 수 있다."고 말한 것이 소비자광고심리학의 시작이라고 알려져 있다. 1896년 할로 게일(Harlow Gale)과 스콧은 미국에서 광고 실무에 심리학적 원리를 적용하는 연구를 처음으로 수행하였다. 독자의 주의를 끌기 위한 광고의 배치, 단어, 색상 등에 대한 체계적인 연구가 수행되었고 기업가들은 광고에서 소비자들에게 구체적인 방향이 제시될 때 가장 효과적이라고 믿게 되었다.

소비자심리학이 연구 분야로 확립된 것은 1960년경이다. 1960년에 미국심리학회에서 '소비자심리학'이라는 분과 학회가 설립되었고 이때부터 연구 문헌의 질과 양 모두 증가되었다. 처음에는 소비자 행동에 영향을 미치는 태도의 중요성이나 위험 지각, 소비자 행동에 대한 연구들을 했지만, 이후 마케팅, 광고, 기타 분야의 다양한 연구에까지 관심을 갖게 되었다. 주로 소비자의 심리적인 부분이 주요 연구 대상이었는데 소비자가 행동하는 이유에 대한 관심에서 출발하여 소비자의 동기, 소비를 할 때 환경을 해석하는 소비자의 지각, 성격, 태도, 신념 등과 같은 소비자의 심리적 요인까지 연구 영역을 넓혔다. 뿐만 아

니라 이러한 심리학적 지식을 광고에 활용해
야 한다는 생각에서 광고심리학이 출발했
다. 사람들은 어떤 경우에 어떤 식으로 물
건을 구매하는가? 즉 인간이 자극을 어떤 식
으로 지각하는가? 그리고 지각된 정보가 인간
에게 어떤 식으로 영향을 미치는가? 광고심리학은 사람들이 어떤 자
극에 주의(Attention)를 기울이는지, 어떤 자극에 흥미(Interest)를 갖
는지, 광고 자극이 사고 싶은 욕구(Desire)를 불러일으키는지, 어떻게
해서 사는 행위(Action)로 나타나는지에 대한 연구를 하는 것이다.

광고에 대한 심리학적인 연구가 진행됨에 따라 광고는 소비자가 속
하는 집단이나 사회에 따라서도 영향을 받는다는 사실을 알게 되었
다. 또한 자극이나 정보를 받아들이는 사람들이 어떻게 처리하는가에
대한 정보 처리 및 인지 과정에 대해 연구하였다. 소비자의 심리, 소비
자 조사 기법, 광고 효과 분석 및 브랜드 전략 수립 등을 내용으로 연
구 및 현장에 적용하는 분야가 소비자광고심리학이다.

광고의 효과는 광고가 제시되는 순간부터 구매가 이루어지는 순간
까지 단계별로 이루어지며, 사람마다 독특한 동기와 욕구를 가지고
있다. 소비자의 동기와 욕구를 이해하지 못하면 소비자를 충족시키기
위한 어떠한 광고도 성공하지 못한다. 소비자의 동기와 욕구를 파악
하는 것은 소비자의 행동을 이해하고 예측하는 데 매우 중요하다. 동
기란 목표 지향적 행동을 가능하게 하는 내적 상태로써 소비자가 충

족시키기를 원하는 욕구가 발생할 때 일어난다. 욕구는 다양한 방식으로 충족이 되며 소비자가 선택하는 방법도 다양하다. 그러나 소비자가 제품을 선택하는 상황에서 두 개 이상의 동기가 결합되어 있을 때 동기간의 갈등이 발생하며 기업은 이러한 갈등을 줄이기 위하여 '다양한 광고 전략'을 시도한다. 쿠르트 레빈(Kurt Lewin, 1890~1947)의 동기 갈등을 살펴보자.

접근 – 접근 갈등(Approach – Approach Conflict)

두 가지 이상의 대안이 모두 매력적일 때 나타난다. 편의점에서 컵라면을 먹을지 김밥을 먹을지 고민할 때, 원하는 두 대학에 모두 합격한 경우 어느 대학을 갈지 정해야 할 때 선택의 갈등을 겪는다.

접근 – 회피 갈등(Approach – Avoidance Conflict)

한 가지 대상이 긍정적인 특성과 부정적인 특성을 모두 가지고 있을 때 발생한다. 선택하고 싶은 욕구와 피하고 싶은 욕구가 동시에 생긴다. 심리학과를 가고 싶지만 졸업 후 취업이 걱정되는 상황이 이에 해당한다.

회피 – 회피 갈등(Avoidance – Avoidance Conflict)

두 대상을 모두 피하고 싶지만 어떤 하나를 선택할 필요가 있을 때 생기는 갈등이다. 가장 많은 스트레스가 발생한다. 학교에서 따돌림을 당해 너무 고통스러운데 자퇴하고 혼자 공부해서 검정고시를 볼 자신도 없고 억울해서 학교를 그만두지 못하는 상황이 이에 해당한다.

　이러한 경우 여러분은 무엇을 어떻게 선택하겠는가? 여러분 주변을 둘러보면 무엇을 선택할지, 그리고 어떻게 선택할지 결정하도록 도와주는 '다양한 광고'가 보일 것이다.

다양한 광고의 세계

우리나라 최초의 광고

"알릴 것은, 이번 저희 세창양행이 조선에 개업하여 호랑이, 수달피, 검은담비 등 각종 가죽과 사람의 머리털, 소, 말, 돼지의 갈기털 등 여러 가지를 사들이고 있습니다. … 외국에서 자명종, 시계, 호박, 유리, 서양 단추, 서양 천을 비롯, 여러 가지를 수입해 공정한 가격으로 팔고 있으니 모든 손님과 시세에 따라 교역할 것입니다. 아이나 노인이 온다 해도 속이지 않을 것이니 바라건대 저희 세창양행의 상표를 확인하시면 거의 잘못이 없을 것입니다."

우리나라 최초의 광고는 1886년 2월 22일 「한성주보」에 실린 세창양행의 무역 광고이다. 세창양행은 독일 함부르크에 본사를 둔 무역상이었으며 광고의 목적은 자기 회사의 상표와 신용을 한국 소비자에게 널리 알리는 것이었다. 특이한 점은 세창양행의 광고는 그림이나 사진이 없이 글자만 있는 광고였다.

광고의 힘, 코카콜라

'코카콜라'를 떠올리면 어떤 광고가 떠오르는가? 코카콜라의 성공 요인은 소비자의 마음을 사로잡은 기발한 광고에 있다.

코카콜라는 1886년 5월 29일자 「애틀랜타 저널」에 최초의 광고를 실었고 금주법의 시대에 광고로 사람들의 마음을 사로잡았다. 1892년에 코카콜라는 원료비의 절반에 해당하는 돈을 광고비로 썼다. 2차 대전을 거치면서 코카콜라는 코카콜라와 군인들의 애국심을 연결시킨 광고를 하기도 하였다. 그 결과 오늘날 전 세계를 사로잡은 콜라 브랜드로 자리매김했다.

⑥ 상담심리학(Counseling Psychology)

심리학이라고 하면 먼저 '상담'이 떠오를 것이다. 최근 각 학교마다 상담 선생님을 따로 둔 것도 그 이유 중의 하나가 될 것이다.

1943년 미국심리학회 17분과로 시작한 상담심리학회는 1952년에 '상담심리학'으로 명칭이 바뀌면서 임상심리학, 정신의학과로 분리되어 상담심리학만의 정체성이 확립되었다.

상담심리학은 사람의 마음을 정상과 비정상으로 나누지 않는다. 상담심리학의 목표는 개인의 심리적 발달을 촉진시키고 어떠한 심리적 적응 수준에 있는 개인에 대해서도 전문적 도움을 제공할 수 있도록 하는 것이다.

프로이트, 로저스, 프리츠 펄스(Fritz Perls, 1893~1970), 알버트 엘리스(Albert Ellis, 1913~2007), 알프레드 아들러(Alfred Adler, 1870~1937) 등 상담심리학자들은 각자의 이론과 상담 방법을 연구하고 소개했다.

사람들은 살아가면서 정도의 차이가 있을 뿐 누구나 특정한 상황에서 어려움을 경험하게 된다. 여러분은 힘든 상황에 처하게 되면 누구에게 자신의 마음을 털어놓는가? 가족이나 친구들을 만나 자신의 괴로운 마음을 털어놓을 수도 있지만, 어떤 친구들은 자신의 문제를 해결하기 위하여 전문적으로 상담해 줄 상담 선생님을 찾는다.

상담이란 문제를 해결하기 위하여 전문적인 훈련을 받은 상담자와 심리적 어려움으로 자신의 잠재력을 발휘하지 못하고 있는 내담자 사이의 상호 작용이다.

학교의 전문 상담 선생님을 찾아갔다고 생각해 보자. 상담 선생님은 상담을 통하여 학생의 문제를 해결하고, 그 학생이 환경에 적응하도록 돕는다. 뿐만 아니라 학생이 살아가는 동안 겪게 되는 다양한 문제 상황에 대해 효과적으로 대처하고 해결하기 위하여 그 학생이 가진 강점 자원을 효율적으로 활용할 수 있도록 돕는다. 더 나아가 문제 발생 전 예방 차원의 상담 또한 상담 선생님의 중요한 역할이라고 할 수 있을 것이다.

상담의 목표를 정하는 것은 효과적인 상담의 필수 요소이다. 목표를 분명하게 정하면 그 목표에 도달할 수 있지만 그렇지 않을 경우 상담자와 내담자는 어느 길로 가야 할지 막연하게 느껴지거나 아예 처음에 가려고 했던 길의 방향조차 잃어버리기 쉽다.

상담의 목표는 내담자와 합의하여 정해야 한다. 내담자는 겪고 있는 문제의 심각성 때문에 자신의 문제를 정확하게 파악하기 어려울 수 있으므로 구체적으로 목표를 정해야 한다. 상담자는 이때 내담자가 제시하는 상담 목표에만 의존하기보다는 내담자로부터 얻은 정보, 심리 검사 결과, 상담전문가로서 자신의 견해를 종합하여 내담자의 문제를 공통으로 다룰 수 있는 목표를 제시할 수 있어야 한다.

목표 설정 이후 상담자와 내담자는 목표에 도달할 때까지 신뢰를 바탕으로 상담을 해야 한다. 상담자와 내담자는 부모와 자녀, 교사와 학생, 친구 관계와는 다른 관계이다. 상담자는 여러분을 공부 잘하는 학생과 공부 못하는 학생으로 구분하지 않는다. 또한 상담자는 어떤 대학을 진학할 지 결정해 주는 사람이 아니다. 즉, 내담자에게 충고나 조언을 하는 사람이 아니라 내담자를 한 사람의 인간으로 수용하는 사람이다. 이는 내담자가 지금까지 경험하지 못한 관계 경험이기 때문에 상담자와 내담자는 신뢰를 형성하게 된다.

상담자는 충고나 조언 대신에 내담자에게 진실해야 하고, 정확한 이해를 통한 공감과 아무런 조건 없이 내담자를 존중하는 태도를 통하여 내담자가 성장할 수 있도록 도와야 한다. 이를 위하여 상담자는 내담자의 말을 경청하여 현재 왜 그런 어려움에 처했는지 알아야 한다. 또한 내담자의 감정을 반영해 주는 확언 기법 등을 사용하며 적극적으로 상담에 임해 내담자 문제의 핵심을 정확하게 파악할 수 있어야 한다.

상담자는 오랜 시간 많은 공부를 했음에도 불구하고 상담을 진행하는 동안 내담자의 말을 듣는 것이 어렵거나, 내담자의 침묵이 불안하게 느껴지거나, 선입견을 가지고 내담자를 보게 되는 경우도 있다. 따라서 상담자는 상담 교육 프로그램 및 상담 사례 발표 모임에 정기적으로 참석하고 슈퍼비전을 받으면서 자신의 성장과 발전을 모색해야 한다.

지금까지 다양한 상담 이론과 기법이 발표되었으며 지금도 끊임없이 상담과 관련된 연구가 지속되고 있다. 어느 하나의 이론만으로 내담자를 폭넓게 이해하고 더 많은 도움을 제공하는 데는 한계가 있을 수 있으므로 상담자는 이런 한계를 극복하기 위해 끊임없이 노력해야 한다.

로저스의 인간 중심 이론

로저스는 공감(Empathy), 무조건적 수용(Unconditional Positive Regard), 진솔성(Genuineness)을 바탕으로 하는 인간 중심 이론(Person Centered Therapy)으로 내담자의 잠재력에 접근하는 심리 요법을 고안, 실행하였다.

로저스의 이론은 '자기(Self)'라는 말을 강조하고 있다. 자기란 개인이 경험을 통해서 자신의 특성이라고 받아들이는 모든 것을 말한다. 여러분은 자신이 어떤 사람인지 알고 있는가? 그렇다면 자기는 어떻게 만들어지고 자기를 어떻게 알 수 있는가?

로저스가 말하는 자기는 여러분이 다른 사람과 만나고 이야기하고 관계를 맺으면서 만들어진다. 내가 다른 사람을 존중하고 다른 사람도 나를 존중해 줄 때 건강한 자기가 만들어지는 것이다. 즉, 우리는 우리 자신을 '괜찮은 사람이다.'라고 인식하게 되는 것이다.

여러분과 만나는 다른 사람은 누구인가? 엄마, 아빠, 선생님, 친구인가? 그렇다면 그 사람과 긍정적으로 상호 작용하고 있는가? 건강한 자기가 발달한 사람은 경험에 개방적이고 자신의 감정을 수용할 줄 알고 과거나 미래에 얽매이기보다는 현재의 삶을 충실히 살아가는 충분히 기능하는 사람으로 성장한다. 충분히 기능하는 사람은 또한 '지금 이 순간(Here & Now)'에 충실하며 창조적이고 자유로운 삶을 살아간다.

그러나 여러분이 만나는 엄마, 아빠, 선생님, 친구들이 경험하는 세상과 자신이 경험하는 세상은 다른 세상이다. 그래서 사람은 모두 다르게 행동하게 된다. 이러한 다름은 가끔 여러분을 고통스럽게 만들 수 있다. 예를 들어, 여러분이 부모님의 말씀을 따르고 싶지만 그것보다는 내가 하고 싶은 것을 찾는 것이 우선일 때 여러분의 마음 속에서 갈등이 일어나고 그 갈등은 심리적으로 고통을 주게 되는 것이다. 따라서 로저스는 상담자가 내담자의 자기 개념이 어떤지, 내담자가 자신의 세상을 어떻게 지각하고 있는지에 대한 충분한 이해가 필요하다고 강조하고 있다.

로저스는 우리가 고통스러워할 때 크게 걱정하지 말라고 위로하고 있다. 로저스는 인간은 태어나면서부터 자기실현을 위해 끊임없이 노력하는 성장 지향적인 성향을 가지고 태어났다고 말했다. 인생의 목표를 스스로 결정하고 그에 따른 책임을 수용하는 존재이므로 내담자의 삶은 변화 가능하다고 하였다.

로저스의 인간 중심 이론에 따르면, 인간의 마음을 변화시키기 위해서는 다음의 여섯 가지 조건을 갖추어야 한다. 첫 번째 조건은 최소한의 관계 즉, 마음이 서로 만나야 한다. 두 번째 조건은 상담실에 온 사람의 마음 상태이다. 그 사람의 마음은 평소와는 달리 불안할 것이고 자신이 원하는 대로 자신의 기분을 다스리기 힘들 수 있다는 것을 알아야 한다. 세 번째 조건은 내담자를 대하는 상담자의 진심 어린 마음이다. 네 번째 조건은 상담자가 내담자를 아무런 조건 없이 존중해 주어야 한다. 상담자가 내담자를 어떠한 평가도 없이 인간 그 자체로 존중하는 것이다. 즉, 상담자는 내담자가 생각하는 것을 생각하고, 내담자가 느끼는 것을 느끼고 내담자가 원하는 것을 같이 원하고, 내담자가 두려워하는 것을 두려워하도록 허용하는 사람이어야 한다. 다섯 번째 조건은 상담자는 내담자의 마음을 정확하게 이해하고 공감하는 것이다. 정확한 공감이란 상담을 받으러 온 사람의 세계가 마치 자기 자신의 세계인 것처럼 느끼는 것을 말한다. 이것이 바로 상담의 본질이다. 마지막으로 여섯 번째 조건은 상담자가 내담자를 공감한다는 것을 알 수 있도록 표현하는 것이다. 공감은 상대방에게 되돌려 줄 수 있어야 한다. 마음으로 느끼는 것뿐만 아니라 직접적인 말로 표현하여 전달할 수 있어야 한다. 상담자의 말은 내담자의 기분과 내용에 꼭 들어맞아야 하며 상담자 목소리의 톤은 내담자의 감정을 공유할 수 있는 완벽한 능력을 담고 있어야 한다. 그렇게 하면 내담자는 상담자가 자신의 마음을 이해했다는 것을 알게 될 것이며 괴로운 마음을 위로받게 될 것이다.

자, 여러분도 상담의 여섯 가지 조건들을 함께 연습해 보자! 친구의 마음을 조건 없이 공감해 주어 잠시나마 친구를 위로해 줄 수도 있다.

로저스의 대 이론은 오랜 시간이 흐른 지금도 상담과 치료 등 거의 모든 전문 분야의 전문가를 훈련하는 데 활용되고 있다.

엘리스의 합리적 정서 행동 치료

　1913년 피츠버그에서 태어난 엘리스는 사람을 고통스럽게 하는 것은 그들의 잘못된 생각에서 비롯된다고 보았다. 그래서 잘못된 생각을 바꿔 주는 방법을 고안했다. 감정보다는 사고와 행동을 강조한 합리적 정서 행동 치료(Rational Emotive Behavior Therapy : REBT)다. 사람은 다양한 비합리적인 생각을 하는데, 즉, '나는 모든 사람에게 사랑받고 인정받아야만 한다.', '나는 완벽해야만 한다.', '나쁜 사람은 벌을 받아야만 한다.'와 같은 것들이다. 따라서 상담자는 내담자의 신념 체계를 새롭게 학습시키며 이러한 과정은 내담자의 비합리적인 신념의 수정을 통하여 가능하다. 여러분은 어떤 비합리적인 생각을 하는가?

　상담자는 내담자의 생각, 감정, 행동을 수정하게 만든다. 상담자는 내담자의 비합리적인 신념을 논박한다. 예를 들어, 친구에게 '내일 만날 수 있어?'라는 문자를 보냈는데 답장이 없다면 어떤 생각이 드는가? 어떤 사람은 '바빠서 내 문자를 못 본 모양이군.'이라고 생각하는가 하면 어떤 사람은 '나를 무시하네.'라고 생각한다. 그런 생각은 꾸준히 자신을 괴롭힌다. 자신을 괴롭히는 마음은 문자에 답장이 안 온 것 때문이 아니라 친구가 자신을 무시한다는 생각 때문이다.

　상담자는 내담자가 '당연히 해야 한다.', '절대로 하지 않으면 안 된다.'라는 당위적인 사고를 합리적인 생각으로 변화시킬 수 있을 때까지 반복적으로 반박한다. 예를 들어, '당연히 내 문자에 답장을 바로 보내야 한다.'라는 비합리적인 생각이 '답장을 보낼

수도 있고 못 보낼 수도 있지.'라는 합리적인 생각으로 바뀌는 것을 말한다.

이러한 과정이 엘리스 치료의 핵심인 A(선행 사건 : Activating Event) – B(신념 체계 : Belief System) – C(결과 : Consequence) 이론이다. 즉, 엘리스는 우리의 마음을 힘들고 고통스럽게 하는 것은 우리에게 일어난 사건 그 자체가 아니라 사건으로 이어지는 우리들의 비합리적인 생각이 우리의 마음을 지배하게 되어 우리의 행동에 영향을 미치게 된다는 것이다.

엘리스는 내담자가 이러한 비합리적 신념을 수정하는 데 적용할 수 있는 과학적인 상담 과정으로 D(논박 : Dispute), E(효과 : Effect), F(감정 : Feeling)를 포함시킨다. 상담자는 내담자의 비합리적 신념으로 인한 부적절한 정서와 행동을 확인하고 평가하며 논박함으로써 합리적 신념으로 수정하여 내담자가 적절한 정서와 행동 및 감정으로 변화하도록 만든다.

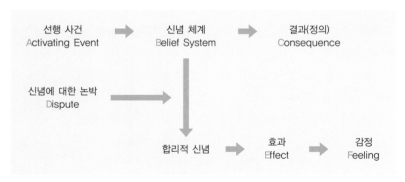

▲ 합리적 논박 과정 ABC 이론 모델

교수님과 함께 떠나는
심리학 여행

개인 상담

상담은 '개인 상담 신청서 작성 – 접수 면접 – 심리 검사 실시 – 검사 해석 – 개인 상담' 순으로 진행이 된다.

개인 상담 신청서

신청일   년   월   일

성명		생년 월일	년 월 일 (세)	남 □ 여 □	종교	
소속						
현주소						
핸드폰			이메일			

비상 연락처	이름 : 관계 : 연락처 :
주 호소 문제	1) 심리적 문제 2) 대인 관계 3) 가족 관계 4) 진로 문제 5) 이성 관계

상담 경험		심리 검사 경험		약물 치료 경험	

현재 건강 상태	매우 건강 □ 대체로 건강 □ 허약한 편 □ 매우 허약 □ 현재 질병이 있는 상태 □ (병명 :)

가족 사항	관계	연령	직업	학력	종교	친밀도 1 : 매우 나쁨 5 : 매우 좋음				
						1	2	3	4	5
						1	2	3	4	5
						1	2	3	4	5
						1	2	3	4	5
						1	2	3	4	5
						1	2	3	4	5
						1	2	3	4	5

상담 가능 시간	시간 \ 요일	월	화	수	목	금	토
	9						
	10						
	11						
	12						
	1						
	2						
	3						
	4						
	5						
	6						

집단 상담은 무엇인가?

한국 청소년 상담복지개발원에서 실시하는 「2017년 가을철 집단 상담 프로그램 안내문」이다. 어떤 프로그램이 개설되어 있는지 살펴보자.

유형	프로그램명	기간	대상	대기자	내용
본원 개발 프로그램	솔리언 또래 상담 기본 프로그램	7/31(월), 8/1(화) (14:00~18:00, 총 2회)	초등학교 5~6학년	5명	또래 상담 프로그램은 주변의 또래들과 좋은 친구 관계를 맺으며, 또래 문제 해결에 조력하고 그들과 더불어 성장하는데 도움을 줄 수 있는 능력을 훈련시키는 프로그램
본원 개발 프로그램	학습 플래너 기반 자기 주도적 학습 프로그램	8/3, 17, 24(목) (16:00~18:00, 총 3회)	중학교 1~2학년	4명	학습 플래너를 활용하여 학업에 대한 자신감을 향상시키고 자기 주도적 학습 태도를 습관화할 수 있도록 돕는 프로그램
본원 개발 프로그램	아동 자녀를 둔 부모 정서 조절 향상 프로그램	7/4-8/1(화) (10:00~12:00, 매주 화요일 총 5회)	미취학 ~ 초3 자녀를 둔 부모	10명	부모가 개인의 정서를 알아차리고 적절히 조절할 수 있도록 하여 부모의 양육 효능감 증진과 자녀와의 긍정적인 관계 향상 돕기
본원 개발 프로그램	청소년 자녀를 둔 부모 정서 조절 향상 프로그램	7/6-8/3(목) (10:00~12:00, 매주 목요일 총 5회)	초4~고3 자녀를 둔 부모	10명	부모가 개인의 정서를 알아차리고 적절히 조절할 수 있도록 하여 부모의 양육 효능감 증진과 자녀와의 긍정적인 관계 향상 돕기

솔리언 또래 상담 기본 프로그램

청소년에게 주변의 또래들과 좋은 친구 관계를 맺으며, 또래 청소년의 문제 해결에 조력하고 그들과 더불어 성장하는데 도움을 줄 수 있는 능력을 훈련 시키는 프로그램이다.

학습 플래너 기반 자기 주도적 학습 프로그램

학습 플래너를 활용하여 학업에 대한 자신감을 향상시키고 자기 주도적 학 습 태도를 습관화할 수 있도록 돕는 프로그램이다.

⑦ 여성심리학(Woman Psychology)

'여자가 무슨 그런 일을 해?', '그건 여자가 하기에 어려운 일 아니야?', '여자라서 그런 거야.', '여자들은 다 그래.'라는 말을 들어 본 적이 있는가? 여성심리학은 초기 심리학의 발전에 기여한 프로이트, 융과 같은 남성 심리학자들의 눈을 통해 만들어진 남성 중심적인 심리학의 접근에서 벗어나서, 세상의 나머지 절반인 여성의 눈을 통해 여성의 문제를 인식하고 분석하고 연구하고자 하는 심리학 분야이다.

1941년 국제 여류 심리학 위원회(International Council of Women Psychologists)가 미국에서 창설되었다. 1973년 여성심리 분과가 미국 심리학회의 공식 분과로 설립되었으며, 한국의 이화여대에서 1995년 여성심리연구회가 발족되었다.

여성심리학의 관심 주제는 무엇일까? 여성의 정체성, 자기에 대한 생각, 집단에서 남성과의 관계, 여성이라는 성별 이외에 애인, 부인, 부모, 자식 등으로서 갖게 되는 인간관계와 역할, 사회적 지위 등이다. 뿐만 아니라 진로, 가정 폭력, 성폭력 등과 관련하여 실질적으로 도울 수 있는 것이 무엇인지에 대해 연구한다. 따라서 여성심리학은 여성의 삶 속 여러 문제를 해결하고자 하는 응용 연구 분야라고 볼 수 있다.

여성심리학자가 하는 일을 구체적으로 살펴보자. 현대 사회는 과거에 비하여 여성의 삶이 달라졌는가? 외형적으로는 남녀평등주의를 지

향하고 있음에도 불구하고 여전히 전통적으로 규정된 성 역할에 의거한 남녀 차이가 존재한다. 남녀 차이에 대한 고정 관념은 여성의 사회화뿐만 아니라 일상적인 정보 처리 양식에 이르기까지 영향을 미친다. 그러므로 성 고정 관념에 대한 좀 더 체계적이고 비판적인 분석을 통하여 성 고정 관념에 대한 문제, 동기의 문제, 남성과 여성의 인지 능력의 차이 등 성과 관련된 제반 문제를 제기하고 변화 가능성을 모색하는 것이 여성심리학자가 주로 하는 일이다.

성의 차이를 근거로 남녀를 우열로 나누어 차별하는 것을 성차별주의(Sexism)라고 한다. 심리학자들은 특정 집단을 고정 관념으로 묶게 되는 사회적 범주 현상은 대부분 인위적으로 만들어진 사회적 규범에 기초한다고 보았다. 특정 집단에 대한 직접적 접촉이 전혀 없더라도 사람은 고정 관념을 내면화시킬 수 있다. 특히 사람은 대상 집단에 대한 감정이나 평가를 개입시키게 되는 과정에서 편견을 초래하게 될 위험 가능성이 있는 것이다. 뿐만 아니라 그러한 고정 관념과 편견이 사회적 관례에서 일어나는 일이라면 개인의 고정 관념 변화 가능성이 있다고 하더라도 일상적인 삶의 적용에 이르기는 쉽지 않을 것이다. 따라서 여성심리학자는 개인의 고정 관념 변화가 사회 수준에서의 변화로 이어질 수 있도록 여성을 남성과 대등한 위치에서 평가하려는 노력을 하고 있다. 심리학자들은 여성이 남성보다 낮은 성공 기대를 가지고 있고 성역할 고정 관념이 여성의 성공 기대에 영향을 미쳤을 가능성이 크다고 본다. 또한 학습된 무기력에서도 성 차이가 나타났으며 이러한 차이는 귀인 경향에 따른 것으로 밝혀졌다. 즉, 남성은 성공의 실패를 노력이 부족한 것으로 귀인하는데 반하여 여성은 자신의 능력이 부족하다고 귀인한다.

실제로 여성의 능력은 남성보다 부족한가? 심리학자들은 이에 대한 답을 찾기 위한 여러 가지 성차에 관한 연구를 수행하였다. 지능 검사로 측정되는 지능의 평균에는 남녀 간의 의미 있는 차이가 없었으며 지능 검사의 하위 검사에서 차이가 발견되었다.

맥코비와 재클린(Maccoby & Jackline)의 연구 결과, 수리력 검사와 공간 능력 검사에서는 남성들의 점수가 높았고 숫자-부호 검사와 어휘 검사에서는 여성들의 점수가 더 높았다. 벤하우와 스탠리(Benhow & Stanley)가 13세 이하의 영재들을 대상으로 수리 능력의 성차를 연구한 결과, 남학생이 여학생보다 수리 능력이 더 우수하였으며 점수가 높아질수록 차이가 더 컸다. 그러나 이러한 성차는 수학 교육의 양적인 차이보다는 수학에 대한 남녀 간의 동기 차이에서 생긴 것으로 보았다. 셔먼(Sherman)에 따르면, 남학생이 여학생보다 수학을 흥미롭다고 여기지만 여학생은 지루하게 여기는 것이 동서양에 관계없이 발견되었다. 반면에 맥코비와 재클린의 연구 결과, 언어 능력은 여성이 남성보다 높았다.

여성에게 삶의 변화는 언제 오는가? 결혼과 가사 및 육아는 여성에게 삶의 변화를 가져오게 만든다. 또한 기존에 존재하는 여성의 사회적 지위에 대한 유리 천장은 최근 여성들의 장래 성공에 대한 기대가

낮지 않음에도 불구하고 자신은 능력이 없다고 생각하는 '마음 속의 유리 천장'을 만들게 한다. 여성심리학자는 여성이 자신이 하고 있는 일이 무엇이든 그 일에 가치를 두고 개인의 성장과 심리적인 만족감을 얻을 수 있는 방안을 모색하고 있다.

유리 천장

　유리 천장(Glass Ceiling)은 여성이 조직 내의 일정한 서열 이상으로 오르지 못하게 하는 보이지 않는 장벽을 은유적으로 표현한 말이다. 또한, 이러한 차별은 공식적인 정책 등에는 드러나지 않아서 존재하지 않는 것처럼 보이므로, 이러한 현상을 유리 천장이라 일컫는다. 즉, 소수 집단이 직장의 좋은 자리를 얻지 못하게 하는 표면적인 회사 규칙은 없지만, 이면에는 분명히 그러한 차별이 존재한다는 것이다. 유리 천장은 직장에서 대다수의 여성들, 소수 인종들이 영향력 있고 수입이 많은 자리를 갖지 못하게 하는 장애물이다. 이 장애물은 많은 여성이 자기 자신은 높은 자리에 오를 만한 능력이 없다고 생각하게 만든다.

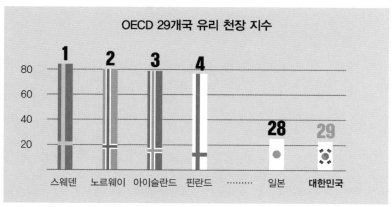

출처 : 영국 「이코노미스트」

교수님과 함께 떠나는
심리학 여행

영국 「이코노미스트」가 '세계 여성의 날'을 맞이해 발표한 '2019년 유리 천장 지수'에서 조사 대상인 경제협력개발기구(OECD) 29개 회원국 중 우리나라가 최하위를 기록했다.

우리나라는 유리 천장 지수 100점 만점에 겨우 20점 정도를 받아 회원국 평균인 60점에 비해 점수가 많이 낮았다. 우리나라는 10개 성차별 항목 가운데 3개 부문에서 꼴찌를 기록했다. 여성 임금이 남성과 비교할 때 34.6% 적어 최하위였다. 여성 관리자 비율도 12.5%로 최하위, 여성 기업 이사 비율도 2.3%로 최하위로 나타났다.

스웨덴은 80점을 훌쩍 넘는 유리 천장 지수를 받아 정상을 차지했다. 노르웨이, 아이슬란드, 핀란드, 프랑스가 뒤를 이었다.

⑧ 임상심리학(Clinical Psychology)

라이트너 위트머(Lightner Witmer, 1867~1956)는 1899년에 최초의 심리 클리닉을 설립했다. 위트머의 클리닉은 아동의 학업, 생활에서의 불편한 느낌, 습관과 같은 문제를 다루었다. 아동이 심리 클리닉에 오면, 먼저 어떤 상태인지 알기 위해서 아동의 신체 검사와 심리 검사를 실시하고 아동의 몸과 마음 상태에 대해서 진단을 내렸다. 이런 진단 이후 어떤 아동은 의학적인 처방을 받고, 심리적인 문제라고 진단을 받은 아동은 의학적 처방과는 별개로 교육적 치료를 추천했다. 마음을 살펴보는 전문가, 그들이 바로 임상심리학자들이다.

임상과학자는 심리 장애의 이해, 치료, 그리고 예방에 도움이 되는 일반적인 법칙을 찾아내려고 하며 연구의 대상이 되는 현상을 묘사하고 예측하고 설명하기 위해서 정보를 체계적으로 수집한다. 이들은 개인 내담자에 대한 평가나 진단 혹은 치료를 하지 않는다.

반면에 임상실무자는 임상과학자에 의하여 얻어진 지식으로 정상적·비정상적 심리적 기능의 양상을 찾아내고 평가하고 치료하는 활동을 한다.

임상심리학자는 그 사람의 행동을 관찰하여 정보를 수집하고 평가하는 과학적인 방법을 사용한다. 임상심리학자는 개인에게 초점을 두거나 혹은 여러 사람의 정보를 수집하기도 한다. 개인에게 초점을 두는 사례 연구는 한 사람의 심리적인 문제를 상세하게 기술하는 방법이다. 프로이트의 정신 분석 이론은 그가 진료한 환자들에 토대를 두

교수님과 함께 떠나는
심리학 여행

고 있는 것으로써 사례 연구를 활용한 것이다. 그러나 사례 연구는 주관적인 증거에 의존한 것이므로 일반화시킬 수 있는 근거가 약하다. 임상심리학자는 이러한 제한점을 상관관계법이나 실험법을 통하여 보완한다. 즉, 어떠한 사건이 함께 변화하는 정도를 관찰하는 상관 연구와 가능성이 있다고 생각하는 원인을 조작한다. 이때 예상했던 결과가 나타나는지 실험법을 통하여 이상 심리에 관한 일반적인 결론을 얻는다.

임상심리학자는 위와 같은 과학적인 방법으로 마음을 누구나 납득할 수 있는 구체적인 '숫자'로 나타내는 지능 검사나 성격 검사와 같은 심리 검사를 개발한다. 프랑스의 심리학자이자 의사였던 비네는 동료였던 테오도르 사이먼(Théodore Simon, 1872~1961)과 함께 많은 문항을 만들었다. 그 후 3세에서 15세 사이의 정상 아동과 비정상 아동을 선발하였다. 각각의 연령에서 문항을 맞추는 비율을 분석하여 적절한 문항을 선정하는 방식으로 지적 능력을 측정할 수 있는 검사 항목을 만들었다. 즉, 맞춘 문제의 수에 따라 정신 수준(Mental Level)을 측정한 것이다. 그러나 지능 검사는 특정 신체 과정이라기보다는 추론된 자질이므로 간접적으로만 측정될 수 있다. 현재는 100가지가 넘는 지능 검사가 있다. 비네의 지능 검사는 교육적인 목적을 위해서 지적 장애가 있는 아동을 선

별하는데 적용되었고 다른 문제를 탐색하는 데도 유용하다.

또 다른 검사로 투사적 검사가 있다. 오늘날까지도 널리 쓰이는 투사적 검사인 로르샤흐 검사는 1921년에 헤르만 로르샤흐(Hermann Rorschach, 1884~1922)가 개발했다. 스위스의 정신과 의사였던 로르샤흐는 모호한 그림에 대한 사람들의 반응으로 마음을 알아보는 심리검사를 만들었다. 로르샤흐 검사(Rorschach Test)는 데칼코마니로 만든 대칭형의 잉크 얼룩인 10장의 카드로 구성되어 있다. 이 카드를 순서에 따라 피검자에게 한 장씩 보여 주고 이 그림이 무엇처럼 보이는지 말하게 한다. 임상가는 로르샤흐 검사 결과의 객관적 해석 방법과 임상가의 주관적 경험을 강조하는 임상적 해석 방법에 따라 개인이 지니고 있는 사고, 욕구, 정서 상태와 정서 조절 능력, 인지적 접근 양식, 무의식적 갈등 등을 평가하며 현실 검증력, 충동 통제력, 자아 강도와 같은 다양한 심리적 적응 능력을 평가한다.

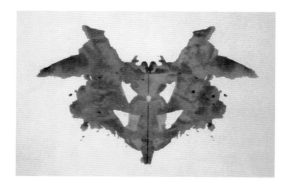

▲ 로르샤흐 검사의 첫 번째 카드 그림

또 다른 투사적 검사로, 1935년에는 크리스티아나 모건(Chistiana Morgan, 1897~1967)과 헨리 머레이(Henry Murray, 1893~1988)에 의해 주제통각검사(Thematic Apperception Test : TAT)가 개발되었다.

TAT는 약 23.5cm×28cm 크기의 31개 흑백 사진 카드로 구성되어 있고, 머레이의 욕구 이론에 기초한다. 대부분의 카드에는 하나의 주제를 암시하는 등장 인물이 있으며 한 장은 완전히 백지로 구성되어 있다. 첫 번째 카드는 한 소년이 바이올린 앞에서 무엇인가 골똘히 생각하고 있다. 두 번째 카드는 시골 풍경 속 한 젊은 여인이 손에 책을 들고 있고, 그 뒤에는 한 남자가 들에서 일을 하고 있으며 오른쪽 측면에는 한 중년 여인이 나무에 기대어 먼 곳을 응시하고 있다. 세 번째 카드는 한 소년이 의자에 머리를 기대어 머리를 파묻고 마룻바닥에 주저앉아 있으며 그 옆에는 권총과 비슷한 물건이 놓여 있다. 임상가는 백지를 뺀 30장의 카드 중 20장의 카드를 선택하여 제시한다. 이 검사를 통하여 내담자의 불안 상태, 편집증, 강박장애, 히스테리, 우울 등 개인의 심리적 상황을 평가한다.

1943년 미국 미네소타 대학교의 스타크 헤스웨이(Starke Hathway, 1903~1984)와 존 맥킨리(John McKinley, 1891~1950)는 다면적인성검사(Minnesota Multiphasic Personality Inventory : MMPI)를 개발했다. 이 검사는 경험적 문항 선정 방법으로 만든 최초의 성격 검사

이며 1989년에 MMPI-2가 개발되었다. 이 검사는 임상 척도뿐만 아니라 새롭게 추가된 5개의 타당도 척도를 통해 높은 변별력을 가진 것이 강점이다. MMPI는 현재의 심리 상태, 스트레스의 정도, 적응의 수준 등을 파악함으로써 보다 심층적인 성격 분석을 도모하며 가장 널리 사용되는 표준화된 심리 검사이다. 질문지형 성격 검사이고 총 567문항으로 이루어졌다. 검사의 내용은 정서적인 문제, 성격 특성을 탐지하고 특수한 영역에서의 문제를 탐지하는 것으로 이루어져 있다. MMPI-A는 478문항으로 청소년에 적합한 문항 내용 및 표현으로 구성되어 있다.

1952년에 미국심리학회가 만든 정신질환 진단 및 통계 편람인 DSM(The Diagnostic and Statistical Manual of Mental Disorders-I)은 2013년에 DSM-5로 개정되었다. DSM-5에는 400여 개의 정신 장애가 있다. 연구를 통하여 얻은 정보뿐만 아니라 유병률, 위험 요소, 경과, 합병증, 유전 및 가족 패턴과 같은 배경 정보를 제공하고 있고, 400개의 정신 장애 안에는 장애 진단을 위한 기준이 제시되어 있을 뿐만 아니라 주요한 임상적인 특징을 기술하고 있다.

DSM-5는 진단 시 범주 정보와 차원 정보를 제공하는 첫 번째 DSM 진단 체계이다. 임상가들이 DSM-5를 이용하여 진단을 내리는데 이때 범주 정보와 차원 정보를 제공한다. 범주란 장애의 이름을 말하고 차원이란 증상이 얼마나 심각한지에 대한 등급을 말한다. 공황장애의 범주 정보와 차원 정보의 예를 살펴보도록 하자.

범주 정보

공황장애

1. 반복적이고 예기치 못한 공황 발작
2. 적어도 한 번 발작 이후에 다음 증상 중 한 개 이상이 한 달 이상 지속됨.
   ① 추가 발작이 있을 것에 대한 지속적인 염려나 걱정
   ② 발작과 관련된 행동에서의 뚜렷한 부적응적인 변화

차원 정보

내담자가 어떤 범주에 속하는지를 결정하는 것과 더불어 임상가들은 질병 등급 평가 도구를 사용하여 특정 장애의 심각도를 평가할 수 있다. '정상'(1점)과 '전혀 장애가 없음'(1점)에서 '가장 심각한 장애를 가진 환자'(7점)까지 7점 척도로 내담자를 분류한다.

추가 정보

임상가는 진단을 내릴 때 다른 유용한 정보를 제공한다.
위의 정보를 종합하여 다음과 같은 진단을 내린다.

진단 : 공황장애
심각도 : 5(명백한 장애)
의학적 문제 : 심장병
심리·사회적 문제 : 부부 사별

레이몬드 코르시니(Ramand Corcini)에 따르면, 현재 임상 현장에는 400개가 넘는 방법이 사용되고 있다. 특정 치료가 특정 문제에 대해 효과적일 수 있도록 하기 위하여 치료의 다양성과 복잡성을 고려한 관찰 및 평가를 실시하고 있다. 수많은 평가 도구가 있지만 각 도구마다 일정한 한계가 있으므로 각 개인의 문제에 완전할 수는 없다. 그러므로 임상심리학자는 한 접근에만 의지하지 않고 투사 검사에서 성격 검사까지 수없이 많은 종류의 평가 도구를 신중히 연구하고 검토하고 있다. 특히 DSM-5의 사용은 임상심리학 분야의 폭넓은 연구를 기대하게 만든다.

⑨ **사회 및 성격심리학(Social and Personality Psychology)**

세상에 여러분과 똑같은 성격을 가진 사람이 존재할까? 사람마다 다른 마음의 차이를 설명하고 이해하기 위하여 이런 질문을 던지는 사람이 바로 성격심리학자이다. 성격심리학자는 어떤 사람이 일관적으로 생각하고 느끼고 행동하는 것을 '그 사람의 성격'이라고 이름 붙였다. 관찰과 측정을 통해서 사람들이 생각하고 느끼고 행동하는 것의 차이를 설명하고, 예측하고, 이해하려고 노력한다.

사람마다 성격이 다르다는 것은 어떤 의미일까? 그건 어떤 상황에서 사람마다 다른 결정을 할 수 있다는 뜻이다. 이게 바로 개인차다. 여기서 개인의 행동을 설명하는 분야가 성격심리학이고 그러한 행동을 하는 개인의 상황에 초점을 맞추는 분야가 사회심리학이다.

성격심리학

성격이란 개인의 안정적으로 지속되며 잘 변하지 않는 정서, 사고 및 행동 양식이다. 성격심리학(Personality Psychology)은 이러한 특질이 어떻게 형성되는지, 개인의 성격이 어떤 점에서, 어떻게, 왜 다른지에 대해 관심을 가지며 환경이나 생물학적 원인보다는 개인의 성격에서 인간 행동의 원인을 찾는다. 특히, 대부분의 심리학자들은 인간 행동의 일반적이고 보편적인 법칙을 추구하지만 성격심리학은 개인차에 초점을 두는 학문이다. 성격은 대개 어린 시절부터 서서히 발전하기 시작해 청소년기나 초기 성인기에 굳어진다.

성격장애란 어린 시절부터 서서히 발전하기 시작해 청소년기 또는 초기 성인기에 공고화된 개인의 병리적인 정서와 사고 및 행동 양식으로, 시간과 상황에 걸쳐 안정적으로 지속되며 좀처럼 변하지 않는다. 이러한 성격 특성으로 인해 대인 관계, 사회생활 및 기타 개인의 중요한 생활 영역에서 부적응이 초래된다. 장애의 일반적인 진단 기준은 개인이 속한 사회의 문화적 기대에서 심하게 벗어난 지속적인 내적 경험과 행동 양식이다. 이 양식은 인지, 객관적으로 드러나는 감정, 대인 관계, 고정된 행동 양식 등 여러 영역에서 나타나며 그 가운데 2개 또는 그 이상의 영역에서 나타난다. 이러한 성격장애의 특성은 지속적이고 만연하며 병리적이다.

성격은 매우 복잡하고 어려운 개념이므로 각기 다른 성격이론가들이 각기 다른 관점에서 인간의 성격을 조명하고 있다. 프로이트는 사람의 성격은 우리 눈에 보이는 부분만으로는 알 수 없다고 했다. 즉, 성격의 보이지 않는 부분도 우리의 마음과 연결되어 있다는 것이다. 보이지 않는 부분은 우리 성격의 가장 깊숙한 곳에 자리 잡고 있으며 태어날 때부터 가지고 있지만 어디에 있는지, 어떻게 생겼는지, 나한테 어떤 영향을 주는지 잘 알 수가 없다. 어린 시절 부모님의 가르침이 도덕적인 행동으로 나타나지만 부모님의 가르침이 내 마음의 어디에 자리 잡고 있는지는 알 수 없다. 내 마음의 바다 깊숙한 곳에 있지만 현재 나의 행동과 선택에 무의식적으로 영향을 주는 것이다.

프로이트의 이론처럼 인간의 의식과 무의식에 관한 관찰 불가능한 이론도 있지만, 과학적이고 체계적인 연구로 개인의 성격과 행동과의 인과성을 살펴보고 한 개인이 다른 사람들과 왜 다르게 행동하는지에 대해 설명이 가능한 이론도 있다.

성격심리학자는 성격을 구성하는 요소, 정서, 동기, 성격의 관계, 유전과 환경이 개인의 성격에 어떠한 영향을 미쳤는지 그리고 어떠한 영향을 미치는지 연구한다. 나아가, 개인의 성격을 진단하기 위한 성격평가 도구를 개발하고 공격적인 성격과 범죄는 어떤 관련이 있는지, 성격과 행복은 어떤 관련이 있는지에 대한 연구를 활발하게 진행하고 있다.

긍정심리학자 셀리그만은 사교적인 성격, 즉 사회성이 뛰어난 성격의 소유자가 덜 사교적인 사람보다 더 만족하고 행복한 삶을 산다는 연구 결과를 보여 주었다. 이처럼 사람의 마음이 어떻게 만들어지고, 사람마다 어떻게 다른지 알기 위해 노력하는 것이 바로 성격심리학자가 하는 일이다.

성격심리학자의 이론들

I. 프로이트의 정신 분석 이론

프로이트는 1856년 5월 6일 오스트리아의 유태계 가정에서 일곱 남매 중 장남으로 태어났다. 1885년 프로이트는 그 당시 유명한 신경의학자인 장 샤르코를 만나면서 임상적인 실습에 깊은 관심을 가지게 된다. 또한 외과의사인 요셉 브로이어(Josef Breuer, 1842~1925)와 함께 신경증 환자를 치료하면서 환자의 문제는 그 증상을 '이야기함으로써' 완화된다는 것을 경험을 통하여 알게 되었다. 이러한 경험으로 프로이트는 인간 행동의 무의식적 동기를 발견하게 되었다. 프로이트는 문제 행동의 중요한 원인을 무의식으로 보았으며, 무의식을 의식화하는 데 치료의 목표를 두었다.

① 성격의 구조 : 원초아, 자아, 초자아

프로이트는 성격이 세 가지 기본적인 구조인 원초아, 자아, 초자아로 구성된다고 보았다. 성격의 첫 번째 구성 요소인 원초아는 성격의 접근할 수 없는 부분이다. 원초아의 내부에는 즉각적인 만족에 대한 소망을 가진 본능적 충동이 존재하며 쾌락 원리에 따라 작동한다. 성격의 두 번째 구성 요소인 자아는 성격의 집행부이다. 자아는 적절한 대상과 방식이 발견될 때까지 본능적인 충동의 만족을 지연하는 현실 원리에 따라 작동한다. 원초아가 방광이 팽창하고 배뇨 이후 만족감을 느끼게 되는

교수님과 함께 떠나는
심리학 여행

일차 사고 과정을 사용하는 반면 자아는 학습, 기억, 계획, 판단 등에 관여하는 과정인 이차 사고 과정을 사용한다. 성격의 세 번째 구성 요소인 초자아는 부모의 말과 행동을 통하여 아동에게 전달된 사회의 가치와 이상을 나타낸다. 부모가 아동에게 행하는 처벌은 개인의 양심으로 통합된다. 초자아의 역할은 원초아의 충동을 차단하고 자아가 도덕성을 목적으로 작용하도록 하며 완벽을 향해 노력하게 한다.

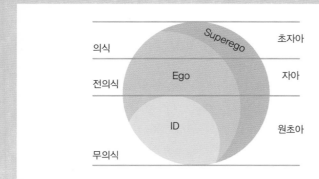

▲ 성격의 구조

② 불안의 원인

자아는 원초아, 초자아 및 현실 세계의 요구를 중재하는 역할을 한다. 그러나 자신의 원초아적 충동이 자아에 따라 중재되지 않은 채 밖으로 표출되어 문제를 겪게 될 수 있을 것이라는 두려움, 자신이 양심의 기준에 따르지 않을 것이라는 두려움은 불안을 경험하게 만든다. 불안은 자아에게 위험을 알려 주는 경고 신호이다.

③ 불안할 때 하는 말

불안을 느낄 때 우리는 자신도 모르게 '무의식적으로' 그 불안을 '억압'한다. 무의식적 억압은 불쾌감을 주는 충동이 의식에 도달하지 못하게 함으로써 작동하게 된다.

그러나 불안을 억압하지 못하는 사람도 있다. 그 사람은 불안이 너무커서 구강기나 항문기 혹은 남근기에 그대로 머물러 '고착'되기도 한다.

④ 성격의 5단계 : 구강기, 항문기, 남근기, 잠재기, 성기기

프로이트는 개인의 성격이 형성되는 생애 첫 5년을 가장 중요한 시기라고 보았다. 프로이트는 이 시기에 개인은 특정한 신체 부위에 몰두하며 이를 구강기, 항문기, 남근기, 잠재기로 구분하였다. 구강기는 만족에 도달하는 주요 수단으로 입을 사용하며 약 1년 정도 지속된다. 항문

교수님과 함께 떠나는
심리학 여행

기는 관심의 초점이 배뇨와 배변에 있는 시기로 6개월에서 3년에 걸쳐 있다. 3세에서 5세의 남근기는 성적 기관이 만족의 주된 수단이 되는 시기이다. 이 시기를 지나 5세에서 12세가 되면 아동은 드러나는 성적 행동이 결여되는 태도를 보이는 잠재기에 접어든다. 이후 청소년기는 성기기가 된다.

프로이트에 따르면 각 시기에 경험하는 과도한 만족 혹은 과도한 좌절은 특정한 증상의 개인 성격을 결정하게 된다. 성인의 과도한 의존 욕구, 음식에 대한 탐닉, 결벽증적인 언어 패턴은 구강기적인 영향, 더러운 것에 대한 혐오나 강박 증상은 항문기적인 영향, 과도한 겸손은 남근기적 영향을 시사한다.

II. 조지 켈리의 개인 구성 개념 이론

캔자스주 농촌에서 외아들로 태어난 성격심리학자 조지 켈리(George A. Kelly, 1905~1967)는 인간의 지적인 측면을 강조한 성격심리학자이다. 2차 세계 대전 동안 해군에서 심리학자로 복무하였고 미국 오하이오 주립대학에서 19년 동안 재직하면서 성격 이론을 체계화하며 연구를 수행하였다. 켈리는 인간의 성격을 연구하는 데 인지적 과정을 강조하는 개인 구성 개념(Personal Construct) 이론을 제안하였다. 개인 구성 개념은 삶에서의 개인적 의미와 생각이나 행동의 조직화된 패턴으로 정의된다. 개인 구성 개념 성격 이론은 서유럽, 영국, 호주에서 네트워크가 연결되어 활발한 연구가 진행되고 있다.

사람은 자신에게 무슨 일이 일어났고 어떤 일이 일어나고 있는지 이해하기 위하여 자신의 구성 개념을 사용한다.

구성 개념이란 개인적으로 고유한 것이며, 그들의 삶에서 일어나고 있는 일을 이해하고 예측한다. 구성 개념은 능동적으로는 자신의 주변에서 일어난 사건을 해석하고 수동적으로는 그 사건을 반영한다. 어떤 구성 개념은 부당함을 확인하는 것으로 부정적인 반응과 정서를 만든다. 켈리는 "개인의 과정은 그가 사건을 예견하는 방식에

교수님과 함께 떠나는
심리학 여행

따라 심리적인 경로를 만들어 간다."고 하였다. 켈리는 개인적 구성 개념은 어떤 것은 비슷하지만 대개는 서로 다른 것으로부터 구성된다고 하였다. 구성 개념은 양극적인 특징을 갖고 있는데, 즐거움과 슬픔, 마음이 넓음과 좁음, 교양이 있음과 없음, 진실됨과 진실되지 않음 등이다.

① 성격의 구조

개인의 구성 개념은 성격의 단위이다. 구성 개념들 간의 관계, 즉 구성 개념 체계는 성격의 구조이다. 구성 개념은 위계적인 순서로 정렬되어 있다. 구성 개념은 개인의 경험이 축적될수록 발전하며 자신을 성장시키고 변화시켜 성격을 발달시킨다.

켈리에 따르면, 건강한 성격을 발달시킨 사람은 자신의 구성 개념들의 타당성을 평가하려는 의지를 갖고 있고, 타당하지 않은 구성 개념을 재구성할 능력이 있다. 또한, 다양한 사회적 역할을 잘 이해하고 수행하는 능력도 가지고 있는 사람이라고 보았다. 그러나 결함이 있는 구성 개념 체계를 가지고 있는 사람은 건강하지 못한 성격으로 발달한다.

② 건강한 성격으로의 변화

건강하지 못한 성격을 발달시킨 사람은 타인과의 상호 작용에서 어려움을 경험한다. 이들은 자신의 삶에서 기존의 개인적 구성 개념에 새로운 구성 개념을 첨가하거나 기존의 구성 개념을 수정하면서 삶을 변화시킬 수 있다. 사람들은 현실이 주관적으로 구성되었음에도 마치 세계에 대한 그들의 생각이 정답인 것처럼 행동한다. 구성주의적 관점에서 치료자는 내담자가 자신의 구성 개념을 이해하게 하고, 구성 개념들 간의 관계를 인식하게 한 후 내담자가 자신의 이야기를 바꾸어 말하도록 도움으로써 구성 개념들이 부분적으로 변화될 수 있다.

켈리가 제안한 고정 역할 기술(The Fixed Role Technique) 치료 기법을 살펴보도록 하자. 먼저, 내담자에게 2주간의 휴가를 떠난다고 상상해 보게 한다. 두 번째로는 내담자에게 무엇을 해야만 하는지 구체화된 새로운 역할을 지정해 준다. 2주 동안 매주 3번씩 만나면서 마치 내담자가 이러한 새로운 고정 역할을 살고 있는 것처럼 일상적인 활동, 상호 작용, 일, 느낌, 태도 모두를 상상하도록 요청한다. 결론적으로, 이러한 치료를 통하여 내담자는 그들 자신에 대해 새롭게 만들어진 구성 개념이 수용되는 방식으로 사고할 수 있고 기존의 건강하지 못한 구성 개념을 버리고 새로운 구성 개념을 추가하게 된다.

성격 5요인 모델 BIG FIVE

Big Five란, 폴 코스타(Paul Costa, 1942~)와 로버트 맥크레(Robert McCrae, 1949~)가 경험적인 조사와 연구를 통하여 정립한 성격 특성의 다섯 가지 주요한 요소 혹은 차원을 말한다. 경험에 대한 개방성, 성실성, 외향성, 친화성, 신경성의 다섯 가지 요소가 있으며, 현대 심리학계에서 가장 널리 인정받고 있는 성격 이론이다.

① **경험에 대한 개방성(Openness to experience)**
상상력, 호기심, 모험심, 예술적 감각 등을 말하며 경험의 다양성과 관련된 것이다.

② **성실성(Conscientiousness)**
목표를 성취하기 위해 성실하게 노력하는 성향, 과제 및 목적 지향성을 촉진하는 속성과 관련된 것이다.

③ **외향성(Extraversion)**
다른 사람과의 사교, 자극과 활력을 추구하는 성향과 관련된 것이다.

④ **친화성(Agreeableness)**
타인에게 반항적이지 않은 협조적인 태도를 보이는 성향과 관련된 것이다.

⑤ **신경성(Neuroticism)**
분노, 우울함, 불안감과 같은 불쾌한 정서를 쉽게 느끼는 성향과 관계된 것이다.

사회심리학

어린아이가 혼자서 자전거를 타다가 길모퉁이에서 그만 넘어지고 말았다. 아이의 얼굴은 금세라도 울 것처럼 변한다. 이 어린아이의 마음속에는 어떤 일이 벌어지고 있을까? 우리의 마음과 행동은 다른 사람이 가까이 있다는 사실만으로도 달라지며 우리와 전혀 관련이 없는 사람이라도 우리의 마음과 행동에 영향을 끼친다.

사회심리학(Social Psychology)이란 다른 사람이 옆에 있든 없든 상관없이 사람들의 사고, 정서, 행동이 다르게 나타나는 것을 과학적으로 탐구하는 심리학이다. 사회심리학자는 인간의 행동을 성격으로 설명하려는 성격심리학자와는 달리 우리의 행동에 영향을 주는 사회적 요인을 사회적 상황과 사회적 맥락에서 분석하고자 한다. 예를 들어, 사회심리학자는 인간이 특정한 상황에서 특정한 행동을 촉발하는 심리적 작용이 무엇인지, 사회에 따라 그 구성원의 행동이 왜 다른지, 사회에 따라 누구나 영향을 받을 수밖에 없는 보편적인 속성은 어떤 것들이 있는지를 밝혀내고자 한다.

사회 인지

사람이 자신과 자신을 둘러싼 사회에 관해 생각하는 방식을 사회 인지(Social Cognition)라고 한다. 우리의 뇌는 다른 사람을 이해하는 데 필요한 도구로 정교하게 진화되어 있기 때문에 우리의 뇌에 저장되어 있는 세계에 관해 생각하는 사고력은 그 무엇과도 비교될 수 없다.

그 사고력 중 하나는 자동적 사고(Automatic Thinking)이다. 자동적 사고는 노력하지 않아도 나도 모르게 저절로 일어나는 사고를 말한다. 자동적 사고 과정에서는 새로 만난 상황을 과거의 경험과 결합시키는 작업이 진행되는데 사회심리학자는 이것을 스키마(Schema)라고 부른다. 스키마는 사회에서 일어나는 다양한 경험을 조직하는 정신 구조이다. 스키마는 우리가 알아차리고 생각하고 기억하는 정보에 영향을 미친다. 그렇다면 우리의 정신 구조인 스키마 안에는 어떤 것들이 저장되어 있을까? 스키마 안에는 우리가 알고 있는 기본적인 지식뿐만 아니라 그 지식 대상에 관한 인상이 들어 있고 이러한 지식을 이용하여 우리는 사회에 관하여 우리가 알고 있는 것을 조직하고 그 상황을 해석하는 것이다. 만약 스키마가 없다면 기억이 형성되지 않기 때문에 사람들은 모든 것을 새로 접하게 될 것이다.

우리의 스키마는 접근성(Accessibility)으로 인하여 상대방에 대한 인상 형성이 다르게 작용한다. 토리 히긴스(Tori Higgins)에 따르면, 접근성이란 우리가 사회적 세계에 관한 판단을 내릴 때 스키마가 머릿속에 쉽게 떠오르는 정도를 말한다. 스키마의 접근성은 과거의 경험, 현재 목적과의 관련성, 최근 경험에 따라 결정된다. 사회적 세계에 대한 인상 형성은 접근성이 높아야 하겠지만 마찬가지로 그 생각이 적용

가능해야 한다. 우리는 우리도 모르게 다른 사
람을 판단하는 생각을 하고 우리는 그 판단에
앞서 우리가 생각하고 있던 스키마가 적용된
다는 것을 모른다. 왜냐하면 자동적 사고
는 나도 모르게 저절로 일어나기 때문이
다. 우리는 많은 것을 스키마에 의존하
면서 살고 있다. 점심을 먹고 빵을 더 먹을지 말지, 게임을 더 할지 말
지 우리는 마음 속에 간직해 둔 마음의 전략, 스키마를 꺼내어 쓴다.
자기 자신도 모르게 무의식적으로.

그러나 구체적인 판단이나 결정을 내릴 때 마음의 전략인 스키마가
너무 많거나 없는 경우가 있을 수 있다. 그런 경우 우리는 어림짐작으
로 뭔가를 결정내리기가 쉽다. 사회 인지에 관한 많은 연구가 판단 어
림법을 연구해 오고 있으며, 사회심리학자 트버스키와 카네만(Tver-
sky & Kahneman)은 사람들의 이러한 어림짐작 행동을 판단 어림법
(Judgemental Heuristics)이라고 하였다. 어림짐작이 오류를 유발함에
도 불구하고 사람들은 눈앞에 닥친 문제를 효율적으로 해결해 주기
때문에 이것을 자주 사용한다.

한편, 사회심리학자는 자동적 사고가 전 세계 모든 사람들에게서
발견되는지 혹은 특별한 지역의 사람들에게만 나타나는 현상인지 연
구했다. 그 결과 스키마는 우리가 속한 문화에 따라 달라짐을 알아냈
다. 왕과 로스(Wang & Ross)에 따르면 상이한 문화권에서 생활하는

사람들의 사회적 스키마는 그 근본에서 다르며 문화는 우리의 관심과 기억에 강력한 영향력을 발휘한다고 말했다.

대인 관계

사회심리학자 엘렌 버세이드(Ellen Berscheid)는 사람들이 타인과 따뜻한 관계를 맺는 것을 최상위의 행복으로 여긴다고 하였다. 인간은 다른 사람과 상호 작용으로 얻은 지식과 경험을 통하여 자신의 인생을 풍부하게 만든다.

긍정적인 첫인상으로 인한 호감에서 출발하여 서로 친밀한 관계를 맺게 되기까지 어떤 조건이 있을까? 여러분도 자신이 호감을 가지고 있는 사람을 떠올려 보길 바란다. 우선, 가까이 있는 사람, 즉 근접성이다. 우리는 어떤 자극에 더 많이 노출될수록 그것을 좋아하기 쉽다. 매일 먹는 김치와 된장찌개, 매일 만나는 우리 반 친구들은 친숙한 것과 긍정적 감정이 연합된다. 물론 우리 반의 그 친구가 너무 싫다면 부정적인 감정이 연합되어 더 싫어질 것이다. 둘째, 비슷해야 된다. 즉 유사성을 말한다. 그래야 서로 끌린다. 서로의 관심거리, 성격 등이 비슷하면 그것이 자극제가 될 수 있다. 이때 실제로 비슷한 것보다는 서로 비슷하다고 믿는 정도가 더 중요하다. 셋째, 상대방이 나를 좋아한다고 믿는 정도, 즉 상호 호감이다. 상대방이 나를 좋아한다는 것을 알면 그 사람에 대한 매력이 증가한다. 마지막으로, 가장 중요한 결정

요인은 신체적 매력이다. 사회심리학자들이 아름다움에 관한 문화적 연구를 한 결과, 아름다움은 문화적 배경과 상관없이 그 기준이 비슷한 것으로 나타났다.

사랑과 헤어짐

첫인상, 매력, 호감은 뒤이어 사랑이라는 복잡한 감정을 만들어 낸다. 사랑은 무엇인가? 직 루빈(Zick Rubin)은 사랑은 호감과는 다르다고 하였다. 사회심리학자들은 사랑에는 깊고 장기적인 헌신, 열정적이고 들떠 있는 사랑이 모두 포함된다고 하였다. 헬렌 피셔(Helen Fisher)는 사랑은 누군가에게 친밀감과 애정을 가지게 되고, 그 존재에 숨이 가쁘고 심장이 뛰는 생리적 각성도 나타난다고 하였다. 사회심리학자는 사랑과 문화의 관계에 대하여 연구하고 있다. 서양의 개인주의 사회에서는 낭만적인 사랑이 결혼을 결정하는 데 중요하지만 동양의 집단주의 사회에서는 가족 구성원의 바람을 고려한다. 미국, 브라질, 호주 등은 결혼 생활에서 사랑이 중요하지만 아시아 국가인 태국과 인도 등은 사랑보다는 가족 구성원들과의 의무가 중요하다.

그렇다면 무엇이 사랑하는 사람들의 관계를 끝나게 만드는가? 사회심리학자들은 사랑이 어떻게 끝나는지도 탐색하였다. 스티브 덕(Steve Duck)은 '친밀한 관계의 파경 단계'를 통해 관계의 단절이 여러 단계의 과정을 거친다고 하였다.

친밀한 관계의 파경 단계

1단계 : 개인 내적 단계

'더 이상 참을 수 없어.'

파트너의 행동에 초점을 맞춘다.

파트너의 행동의 적절성을 평가한다.

관계를 지속하는 것의 부정적 측면을 묘사하고 평가한다.

헤어짐의 비용을 고려한다.

대인적 관계의 긍정적 측면을 평가한다.

생각의 표현·억압에 직면한다.

2단계 : 상호적 단계

'우리 이제 헤어지자.'

문제의 딜레마에 직면한다.

파트너와 대면한다.

관계에 대해 협의한다.

관계의 개선, 화해를 시도한다.

헤어짐이나 양측의 친밀감 감소 비용을 평가한다.

3단계 : 사회적 단계

'우리 끝났어.'

파트너와 헤어짐에 대해 협의한다.

친구, 가족에게 논의한다.

친구, 가족의 반응을 고려한다.

개입팀에 전화한다.

4단계 : 개인 내적 단계

'그건 지금은 불가피해.'

그것을 극복하는 활동에 참여한다.

회고에 참여해서 무엇이 잘못되었는지 분석한다.

자기 나름의 이별 이야기를 공개한다.

이별을 당한 사람은 비참함, 외로움, 우울, 분노 등을 경험하고 이별을 고한 사람은 죄책감을 느낀다. 사회심리학자인 애커트(Robin M. Akert)에 따르면, 헤어진 이후 여성은 계속 친구로 남기를 원하지만 남성은 재빨리 떠나기를 원한다.

이처럼 사회심리학자들은 지금까지 수십 년 동안 사회적 상황에서 사람이 어떻게 생각하고 행동하는지에 대한 현상을 연구해 오고 있다. 앞으로도 새로운 시대적 흐름에 발맞춰 사회심리학자들은 사람들의 사회적 상호 작용의 원리와 과정 등에 관한 미래의 연구 방향을 제시할 것이다.

⑩ **발달심리학**(Developmental Psychology)

여러분이 자랄 수 있고, 공부할 수 있는 자질은 태어날 때부터 가지고 있는가? 아니면 자라면서 배운 것인가?

발달심리학자는 마음의 발달은 신체적인 발달에 영향을 받기 때문에 마음의 성장을 알기 위해서는 몸의 성장을 알 필요가 있다고 생각했다. 발달심리학자는 발달하며 겪은 신체적 성장, 운동 능력, 뇌 발달과 같은 분야를 과학적으로 연구했다. 우리가 생각하는 IQ라는 개념도 마찬가지다. 'IQ가 높다.'는 것은 무엇을 의미할까? 흔히 사람들은 '똑똑하다.', '공부를 잘 한다.'라고 생각한다. IQ가 높다는 것은 추상적으로 생각하는 능력, 효율적으로 문제를 해결하는 능력이 높다는 것을 뜻한다. 발달심리학자는 이런 능력을 눈에 보이는 숫자로 측정하고, 사람들 간의 차이를 측정하기 위한 검사를 개발했다.

발달과학은 발달을 연구하는 학문 분야를 총체적으로 일컫는 말이며 그중 발달심리학은 발달 분야를 주로 다루는 학문이다.

발달이란 수정에서부터 죽음에 이르기까지 인간의 전 생애 동안에 연령의 증가와 함께 일어나는 모든 변화 과정이다. 또한 인간은 태내기, 신생아기, 영아기, 유아기, 아동기, 청소년기, 성인 초기, 성인 중기, 성인 후기의 발달 시기를 거친다.

발달심리학의 학문적 목표는 첫째, 연령에 따른 발달 변화를 객관적으로 정확히 기술한다. 둘째, 왜, 어떻게 발달 변화가 일어나는지 설명한다. 셋째, 연령에 따른 평균적인 발달 과정을 기술하고 개인 발달

수준을 진단하며 바람직한 방향의 발달을 위한 적절한 환경을 마련하는 것이다. 발달 이론의 기본 주제는 이러하다. 첫째, 인간의 발달은 능동적인가, 수동적인가. 둘째, 인간의 발달 과정이 연속적인가, 불연속적인가. 셋째, 인간의 발달은 성숙에 의한 변화인가, 학습에 의한 변화인가이다.

존 왓슨(John Watson, 1878~1958)에 따르면 인간 발달은 자극과 관찰 가능한 반응 간의 연합이 쌓여 습관이 형성되는 것이라고 한다. 또한 아동 발달은 환경에 의존하므로 부모나 아동 주위의 성인이 자극과 반응의 연합을 계획적으로 통제함으로써 아동을 어떠한 방향으로든 키울 수 있다고 믿었다.

앨버트 반두라(Albert Bandura, 1952~2011)는 바람직한 행동이든 바람직하지 않은 행동이든 아동은 단순히 주위 다른 사람들의 행동을 관찰함으로써 행동 발달의 기초를 형성한다고 주장하였다.

프로이트는 인생의 초기 발달 과정이 인성 형성에 가장 중요한 영향을 미치며 인간 발달은 일정한 심리·성적 발달 단계를 따른다고 보았다. 성인 행동의 근원은 아동 초기의 발달 경험이 어떠하였느냐에서 찾을 수 있다고 하였다.

유리 브론펜브래너(Urie Bronfenbrenner, 1917~2005)는 아동은 직접 상호 작용하는 환경인 미시 체계, 가정·학교·이웃·보육

기관 같은 중간 체계, 부모의 직장·부모의 건강·지역 사회의 복지 서비스 같은 공식적인 조직 외 체계, 문화의 가치·신념·법·관습 등의 거시 체계라는 환경 속에서 발달한다고 하였다.

비고츠키는 아동과 그 사회의 좀 더 높은 성원과의 대화가 아동이 그 문화의 사고와 행동 양식을 습득하도록 하는 데 필수 요건이 된다고 보았다. 비고츠키에 따르면, 아동의 지적 발달은 아동 자신보다 인지적으로 유능한 사람과의 사회적 상호 작용을 통해서 일어나며 모든 아동이 같은 발달 단계를 거치는 것이 아니라 아동이 언어를 배우자마자 획득된 다른 사람과의 의사소통 능력이 사고와 행동의 계속적인 변화를 가져온다고 보았다.

존 볼비(John Bowlby, 1907~1990)는 애착이 어떻게 발달하는지에 대해 연구하였다. 그는 아기가 어머니로부터 분리되었을 때 보이는 분리 불안 반응을 관찰하였다. 그 결과, 아동의 사회적 관계 형성에 애착이 중요한 역할을 하므로 어머니가 아기에게 안정적인 기반을 형성해 주어야 아동이 타인들과 긍정적인 유대 관계를 형성할 수 있다고 하였다.

메리 에인스워스(Mary Ainsworth)와 그의 동료들(Blehar, Waters, Wall)은 '낯선 상황'이란 실험을 통하여 유아가 어머니의 반응에 따라 안정 애착, 불안-저항 애착, 회피 애착을 보인다는 것을 발견하였다.

낯선 상황 실험

번호	등장인물	지속 기간	행동 기술
1	엄마, 아기, 관찰자	30초	관찰자가 엄마와 아기를 여러 가지 놀이 기구들이 있는 실험실에 데리고 간 후 관찰자만 나감.
2	엄마, 아기	3분	엄마와 아기가 방 안을 탐색하도록 내버려 둠. 아기가 아무것도 하지 않을 때 2분이 지난 후 놀이를 하도록 함.
3	엄마, 아기, 낯선 사람	3분	낯선 사람이 들어옴. 최초 1분은 침묵, 두 번째 1분은 낯선 사람이 엄마와 대화, 세 번째 1분은 낯선 사람이 아기에게 접근하도록 함. 3분이 지난 후 엄마는 가만히 방을 나감.
4	아기, 낯선 사람	3분 또는 더 짧게	첫 번째 격리 낯선 사람의 행동을 아기의 행동에 맞추어 조정함.
5	엄마, 아기	3분 또는 더 길게	첫 번째 재회 엄마가 아기를 반기거나 달랜 후 아기가 다시 놀이를 하도록 도와줌. 이후 엄마가 '안녕'이라고 말하며 방을 나감.
6	아기 혼자	3분 또는 더 짧게	두 번째 격리
7	아기, 낯선 사람	3분 또는 더 짧게	두 번째 격리가 계속 이어짐. 낯선 사람이 들어와서 아기의 행동에 맞추어 행동함.
8	엄마, 아기	3분	두 번째 재회 엄마가 들어와서 아기를 반기고 안아 줌. 낯선 사람은 가만히 방을 나감.

안정 애착을 가진 유아는 엄마가 돌아오면 얼굴 표정이 밝아지고 안겨서 놀려고 하며 엄마에 대한 접근성이나 반응에 자신감을 보였다. 뿐만 아니라 엄마가 없을 때도 놀이를 계속하였다. 불안-저항 애착을 보인 유아는 엄마가 방을 나가면 울다가 엄마가 돌아와서 달래면 엄마 팔에서 빠져나오려고 하였다. 엄마와 가까이 있기를 바라면서도 장난감을 집어던지는 등의 저항 행동을 보였다. 회피 애착을 보인 유

아는 엄마가 방을 나가도 별다른 반응을 보이지 않으며 낯선 사람을 잘 받아들이고 엄마가 돌아와도 무시하거나 피하려고 하였다.

유아들의 애착 유형에 따라 양육 방식에도 차이가 있음을 발견하였다. 안정 애착 유형의 엄마는 처음부터 아동의 신호에 민감하고 적절하게 반응을 하였다. 불안 – 저항 애착 유형의 엄마는 유아를 양육하는데 일관성이 없었다. 기분이 좋을 때는 유아의 신호에 민감하게 반응하지만 기분이 나쁠 때는 유아의 신호에 거의 반응을 보이지 않거나 거절하였다.

어머니와 유아의 애착 형성은 어떻게 발달에 영향을 미치고 있는가? 에인스워스에 따르면, 유아기 동안 어머니와의 상호 작용을 통해 형성된 애착은 아동기와 청소년기의 우정뿐만 아니라 성인이 되었을 때 사랑까지 연결이 된다고 하였다.

스위스에서 태어난 20세기 대표적 발달심리학자인 피아제는 아동이 이해력을 획득하는 과정을 체계적으로 연구하였다. 피아제는 자신의 자녀들을 직접 관찰하면서 자녀들이 자신의 언어와 생각, 그리고 판단과 이해를 어떻게 발달시켜 나가는지를 우리에게 생생하게 전달해 주었다. 피아제는 아동에게 선천적으로 정해진 생각하는 능력의 발달 시간표가 있다고 보았다. 아동은 태어나서 2년 동안은 주로 자기가 태어날 때부터 가지고 있는 능력을 알게 되며 이후에는 그 능력을 확대해서 사용하는 데 관심을 가지게 된다. 이후 6세까지는 자신이 원하는 것을 말로 표현하게 되고 자신이 하는 말을 생각하면서 표현하는 것이 가능해진다. '세 산 모형 실험(Three Mountain Experiments)'은 그러한 이론들을 발달시킨 실험 중의 하나이다.

세 산 모형 실험

아동의 시각에서 자기중심성은 피아제의 세 산 모형 실험에서 가장 잘 나타난다. 세 개의 산 모형을 볼 때 보는 위치에 따라 산의 모형은 전부 다르게 보인다. 하지만 아동은 다른 위치에서는 산이 어떻게 보이는지 알지 못한다. 성장하면서 차츰 다른 위치에서 보면 산이 다르게 보인다는 것을 알게 된다. 이것을 탈중심화라고 일컫는다. 탈중심화가 된 아동이라도 다른 위치에서 산이 어떻게 보이는지 추론하는 것은 쉽지 않다. 다른 위치에서 보는 모습을 비교적 정확하게 추리해 내는 조망 수용 능력은 7~8세 이후의 아동기에 안정화된다.

▲ 피아제의 세 산 모형 실험

이후 7세부터 12세까지의 아동은 비슷한 것과 다른 것을 구분할 수 있게 된다. 또한 시간을 알게 되고 숫자의 개념도 파악하게 되며 논리적으로 생각하는 능력도 발달한다. 마지막 단계는 12세에 시작해서 청소년기를 거쳐 성인이 될 때까지 계속되며, 자신의 생각뿐만 아니라 다른 사람의 생각이 무엇을 뜻하는지를 알게 된다.

⑪ 인지 및 생물심리학(Cognitive and Biological Psychology)

우리가 '심리'라고 부르는 것은 우리의 몸과 마음, 모두를 이야기하는 것이다. 우리의 몸 중 마음과 중요하게 연결되어 있는 부분이 바로 '뇌'이다. 이러한 뇌의 작용을 통해서 세상의 새로운 지식을 습득하고 자신의 지식과 기술을 활용하고 세상에 적응할 수 있는 힘을 인지 능력이라고 부른다. 그렇다면 우리의 뇌를 해부한다면 우리의 마음을 볼 수 있을까? 그렇지 않다. 우리의 마음은 환경 속에(Ecological Approach), 그리고 상황 속에(Situated Cognition) 있을 때 관찰이 되며, 관찰된 마음이 어떤 인지 능력에 따라서 생겨난 것인가를 연구하는 분야가 인지심리학이다. 인지심리학은 인간의 인지 과정의 구조와 원리를 밝히기 위해서 가설을 세우고 실험을 실시하고 결론을 내는 실험적인 방법을 사용한다. 실험 대상이 되는 주요 주제는 우리의 기억, 주의 기울이기, 세상에 대한 지각, 언어 사용, 사고와 문제 해결, 판단과 결정하기, 읽기와 같은 것들이다.

현대 인지심리학의 발달은 제2차 세계 대전으로부터 시작된다. 전쟁

에 나간 군인에게 복잡한 기계나 장비를 다루는 것을 훈련시키고 주
의력을 키우는 문제 해결에 기여함으로써 인지심리학이 발전하게 된
다. 당시 군인들의 수행에 관한 생각과 정보 처리 과정을 추상적으로
분석하는 방법은 현대의 인지심리학 전반으로 확산되었다. 또한 정보
처리 과정에 대한 접근은 컴퓨터 과학, 즉 인공 지능과 밀접하게 관련
된 분야로 수많은 컴퓨터 과학 개념들이 인간의 지능을 분석하는 인
지심리학 이론과 접목되었다. 뿐만 아니라 당시 언어학자들의 새로운
언어 분석은 인지심리학자의 관심을 끌게 되고 1950년대 이후 인지심
리학이 급속하게 발전하게 만든다. 또한, 최근 인지 발달에 관한 많은
정보 처리 접근의 연구들은 피아제의 인지 발달 이론을 수정하거나
재구조화한 것이다.

최근에는 심리학과 철학뿐만 아니라 언어학과 인공 지능 연구를 종
합하여 지식 체계의 본질을 연구하는 종합 과학인 인지과학이라는 분
야가 새롭게 등장하였으며 인지과학의 성과와 방법론을 공학적인 목
적으로 활용하고자 하는 인지공학심리학이 탄생하였다. 인지공학심
리학자는 지금까지 지나치게 인간 위주로 이루어진 모든 형태의 인
간-환경 상호 작용을 토탈 시스템으로서의 인간-환경 시스템으로
재규정하고 인간과 환경과의 조화로운 발전을 추구한다. 또한 서로 관
련 없이 진행되던 두뇌 연구와 인지가 1970년대 이후 인지신경감지법
의 발전으로 신경심상화(Neural Imaging)를 통한 다양한 신경 상호
작용을 관찰하여 인간의 인지를 이해하고자 하는 인지신경과학이 활

성화되었다. 인지심리학자는 인지신경의 이상, 지각신경 기제, 정서신경 기제, 학습과 기억신경 기제, 그리고 신경계의 진화 등에 대해 연구하고 있다.

　우리가 인지를 이해할 때 뇌와 신경계를 얼마나 이해해야 하는가? 인지에 대한 어떠한 주제도 여전히 신경 수준에서 다루어지므로 신경계의 기초적인 기능에 대한 지식이 필요하다.

뇌를 탐색해 보자

인간의 뇌 무게는 3파운드(약 1.4kg) 정도 된다. 신경과학자가 뇌를 구분하는 방법은 다양하지만, 대부분은 후뇌, 중뇌, 전뇌로 구분한다. 균형 감각을 잃지 않고 자전거를 타려면 뇌의 어느 영역이 작용하는지 뇌의 구조를 살펴보자.

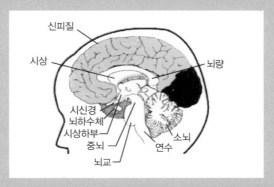

▲ 뇌의 구조

· I. 후뇌(Hindbrain)

뇌간(Brain stem)이라고도 함. 척수로 들어오거나 나가는 정보를 조율하는 구조로, 생명 유지에 필요한 호흡, 각성, 운동 기술 등과 같은 기본 기능을 통제함. 연수, 망상계, 소뇌, 교가 포함됨.

연수 : 심장 박동, 순환, 호흡을 조율함.
망상계 : 수면, 깸, 각성 수준을 통제함.
소뇌 : 미세한 운동 기능을 통제함.
교 : 소뇌로부터 받은 정보를 뇌의 나머지 영역으로 전달함.

II. 중뇌(Midbrain)

후뇌의 상측에 위치하며 시개와 피개를 포함함.

시개 : 환경 내의 일정 지점으로 향하게 하는 역할을 함. 즐거운 자극
으로 향하게 하거나 위협적인 자극으로부터 벗어나게 함. 눈,
귀, 피부로부터 자극 정보를 받으며 그 자극으로 향하게 함.
피개 : 감각 자극으로 향하게 하는 역할을 함. 각성, 기분, 동기에 관
여하는 도파민 및 세로토닌과 같은 신경 전달 물질과 이 신경
전달 물질에 의존하는 뇌 구조들이 위치함.

III. 전뇌(Forebrain)

뇌의 가장 상위 수준이며, 인지, 정서, 감각, 운동 기능을 통제함. 대
뇌피질과 피질하 구조로 구분됨.

i) 대뇌피질 : 뇌의 가장 바깥층, 육안으로 볼 수 있고 두 개의 대뇌
반구로, 대뇌피질은 좌반구와 우반구로 구분을 함.

좌반구 : 신체 우측면에서 전달되는 자극을 지각하고 우측면의 운동을 통제함.

우반구 : 신체 좌측면에서 전달되는 자극을 지각하고 좌측면의 운동을 통제함.

대뇌피질의 각 반구는 4영역의 엽(Lobes)으로 구분함.

후두엽 : 대뇌피질의 우측에 위치하며, 시각에 관한 정보를 처리하는 역할을 함.

두정엽 : 후두엽의 전측에 위치하며, 촉각에 관한 정보를 처리하는 역할을 함.

측두엽 : 대뇌반구의 하측에 위치하며, 청각과 언어에 관한 정보를 처리하는 역할을 함.

전두엽 : 이마 뒤에 위치하며, 운동, 추상적 사고, 계획, 기억, 판단 등에 관한 정보를 처리하는 역할을 함.

ii) 피질하 구조 : 대뇌피질 아래 뇌의 가장 가운데에 위치함.

시상 : 피질하 구조로 감각 기관으로부터 전달되는 정보를 여과하여 대뇌피질에 전달함.

시상하부 : 피질하 구조로 체온, 기아, 갈증, 성 행동을 통제함.

뇌하수체 : 신체 호르몬 생산 체계의 주분비선, 많은 신체 기관의 기

능에 영향을 미치는 호르몬을 분비함.

편도체 : 정서적 과정, 특히 정서 기억의 형성에 중요한 역할을 하는 변연계의 한 부분임.

해마 : 새로운 기억을 형성하고 이 기억이 지식 네트워크와 통합되어 대뇌피질의 다른 부위에 무한정으로 저장되는 데 중요한 역할을 함.

인지심리학자가 인지심리학을 공부하는 이유는 무엇인가? 우리가 더욱 효율적으로 지적 추구를 하게 하기 위한 것이다. 따라서 인지심리학은 사람 마음의 지적인 능력을 이해하도록 하여 우리의 학습과 기억을 도울 뿐만 아니라 우리가 살고 있는 환경의 모든 분야에 걸쳐 응용된다. 실제로 최근 인지공학심리학자들은 생리학, 디자인 등 다양한 분야를 아우르는 학제 간 연구를 통하여 감성과 환경을 응용하고 있다. 색 이름을 통한 색채의 감성, 스포츠마케팅에 투영된 상징적 디자인의 감성, 의복 배색의 시각적 감성, 직물 촉감의 감성 등에 이르기까지 인간 감성의 반응 특성을 살피기 위한 실험을 꾸준히 진행하고 있다.

⑫ 코칭심리학(Coaching Psychology)

여러분은 코칭이라는 말을 들어 본 적이 있는가? 만약 없다면 코치는 어떤가? 아마도 들어 보았을 것이다. 야구 코치, 축구 코치, 농구 코치 등 스포츠 분야에서 코치라는 말은 일상적인 용어로 쓰인다. 여러분은 자신의 코치가 누구라고 생각하는가? 그 사람은 여러분에게 어떤 역할을 하는가? 영화 〈죽은 시인의 사회(Dead Poets Society, 1989)〉에 나오는 선생님은 학생들에게 '카르페디엠' 즉, '오늘을 즐기라.'고 말한다. 그런 코치가 여러분에게 있는가?

코치라는 말을 사전에서 찾아보면 '개인 생활이나 직장, 그리고 여러 분야에서 현재의 어려움을 스스로 깨닫고 그것을 극복해 나가는 방법을 찾는 과정을 도와주는 사람'이라고 되어 있다.

'코치'의 어원은 헝가리 코치라는 마을 이름에서 유래되었다. 옛날 헝가리의 수도 부다페스트에 코치라는 작은 마을이 있었는데 그곳에 마차를 만드는 장인들이 살고 있었다. 그 장인들이 만든 사륜마차에는 그 마을의 이름인 코치가 붙여졌다. 즉, 코치란 '마부가 승객을 마차에 태워 목적지에 무사히 데려다준다.'는 것을 의미한다. 따라서 코칭이란 '전문적인 교육을 받은 코치가 사람들이 가지고 있는 문제를 해결해 주기 위하여 적극적으로 개입하여 목표와 방향을 제시하고 성공에 이르도록 이끌거나 지도하는 것'이다.

1950~1960년대 미국에서는 미식축구 등 스포츠 감독을 코치로 불렀다. 코치는 선수의 신체 훈련뿐만 아니라 정신적, 감정적 차원까지 개입하는 감독관을 말한다.

스포츠 분야에서 광범위하게 시작되었던 코칭심리학은 티모시 골웨이(Timothy Gallwey)와 페르난도 플로레스(Fernando Flores)가 기업에 도입하였다. 미국 인터넷 쇼핑 업체인 자포스(Zappos)와 한국의 삼성(Samsung)은 사내에 '라이프 코치(Life Coach)'를 두어 코칭심리학자가 직원들의 회사 생활과 건강, 육아 등 개인 생활과 관련된 상담을 제공하고 있다.

1980년대에 들어와서 토마스 레오나르드(Thomas J. Leonard,

교수님과 함께 떠나는
심리학 여행

1955~2003)는 전문직에 종사하는 사람들의 재무컨설팅을 하면서 자신의 업무를 잘 수행해 나가고 있는 사람도 도움이 필요하다는 것을 깨닫게 되었다. 그는 1992년에 코치 대학교를 설립하였고 1996년에는 국제코치연맹을 설립하여 코칭과 코치라는 개념을 자리잡게 하였다. 오늘날 코칭은 개인 생활이나 직장, 그리고 여러 분야에서 점점 더 확장되어 쓰인다.

여러분은 코치가 필요한가? 만약 그렇다면 왜 필요한가? 여러분 주변에서 일어나는 모든 문제에 대해 지속적으로 조언해 주고 도움을 줄 수 있는 코치가 있다면 삶의 질은 더 높아질 것이며 여러분이 원하는 욕구를 더 쉽게 충족할 수 있을 것이다. 마찬가지로 사람들에게 코칭이 필요한 이유는 매우 다양하지만 결국은 사람들의 욕구를 충족시켜 주기 위함이다. 사회가 발전하고 변화할수록 사람들은 복잡하고 다양한 사회에 적응해야 하고 급변하는 미래에 대처하는 능력을 필요로 하게 되면서 자신에게 지속적인 도움을 줄 수 있는 코치와 같은 전문가를 찾게 된다.

코칭심리학은 다양한 분야에 적용된다. 여러분의 친구 중 가수가 될지 음악 선생님이 될지를 고민하거나 일찍부터 예체능 계열로 전공을 정할지, 좀 더 시간을 갖고 진로를 천천히 정할지에 대해 고민하는 친구가 있을 것이다. 코칭심리학은 이런 친구가 자신이 가진 잠재 능력을 충분히 발휘할 수 있고 만족할 수 있는 선택을 할 수 있도록 도울 수 있다.

진로에 대한 고민을 다루는 커리어 코칭, 기업의 경쟁력을 높이고 발전하기 위한 비즈니스 코칭, 아동의 학업 성취를 도와주는 스터디 라이프 코칭 등이 있다. 커리어 코칭은 여러분과 같이 대학 진학이나 직업 선택에 대해서 고민하는 청소년부터 정년퇴직 후 일을 계속 하길 원하는 노인에 이르기까지, 진로에 대한 어려움을 겪고 있는 모든 사람에게 도움을 주고 있다. 비즈니스 코칭은 기업의 직원이 개인적으로 건강한 삶을 살고 만족감을 느끼게 되면 궁극적으로 기업도 성장하고 발전한다는 의미에서 기업의 구성원 개개인에 대한 도움을 제공하는 것이다. 스터디 라이프 코칭은 뇌를 진단하고 뇌의 특성 중 강점을 살려 학업 성취를 높이고 대인 관계 능력을 키워 가정과 학교 및 사회생활에 도움이 되게 한다. 이처럼 코칭심리학은 자기 개발과 문제 해결을 돕는 기술을 가르쳐 개인의 성장을 돕는다.

우리나라에는 한국라이프코치연합회, 미국은 CCU(Corporate Coach University)라는 코치 양성 전문 기관이 있다. 한국라이프코치연합회에서는 코칭을 5가지로 구분하고 66개로 세분화하여 제시하고 있다. 여기서는 라이프 코치(Life Coach)에 대하여 구체적으로 살펴보도록 하자.

라이프 코치 상담 일지

성명		생년월일(나이)		결혼 여부		자녀 명
연락처		주소				
코칭 목표		요구 사항			기간	
코칭 방법 대면, 전화, 이메일		비용			횟수	
취미		특기			코칭 방법	
이메일		특징			특이 사항	

직업	전공	출신 학교	모임 횟수

1차 면담

2차 면담

3차 면담

4차 면담

5차 면담

라이프 코치의 종류

구분	코치 종류	현 직업	특징	진입 장벽	전문성	비즈니스
행복 라이프 코칭	데이트 (커플) 코치	커플 매니저	남녀 간의 데이트 방법과 결혼에 성공하도록 지도해 주는 코칭	2	1	1
	패밀리 코치	상담가	가족 내 문제를 해결해 주고 행복한 가정을 만들도록 지도해 주는 코칭	2	3	1
	신혼 살림 코치		신혼 살림에서 어려움을 해결해 주는 코칭	1	1	2
	웰빙 코치		웰빙을 구현하기 위한 음식, 여행, 공연을 소개하고 행복한 삶을 살도록 지도해 주는 코칭	1	2	2
	습관 코치		고치고 싶은 습관을 바로잡아 주고 원하는 습관을 갖도록 지도해 주는 코칭	1	2	1
	파티 코치	파티 플래너	어떤 파티든 상황에 맞도록 파티를 만들어 주고 즐겁게 해 주는 코칭	1	1	1
	선물 코치	판매원	사람의 유형에 따라 선물을 골라 주는 코칭	1	1	1
	인테리어 (홈) 코치	인테리어 샵 매니저	인테리어에 대한 상담부터 마음에 드는 인테리어를 찾아 시공을 도와주는 코칭	1	2	1
	투어 코치	여행 안내원	여행에 관련된 정보를 제공하고, 즐거운 여행이 될 수 있도록 지도해 주는 코칭	2	2	2
	여가 코치		여가를 어떻게 하면 즐겁게 보낼 수 있는가를 지도해 주는 코칭	1	1	1
	쇼핑 헬퍼 코치	심부름 센터	소비자가 원하는 물건을 대신 구매해서 만족감을 높여 주는 코칭	1	1	1
	하비 코치		취미 생활에 대한 소개와 마니아가 되기 위한 방법을 지도해 주는 코칭	1	1	1

교수님과 함께 떠나는
심리학 여행

라이프 코치의 4단계

패트릭 윌리엄스(Patrick Williams)와 데보라 데이비스(Deborah Davis)는 4단계 라이프 코치가 되는 법을 제시하고 있다.

1단계 : 코치는 듣는다

코치는 '당신은 무엇을 원하나요?', '당신은 무엇을 이루고자 하나요?'라고 묻는다. 이러한 기회를 통하여 자신이 그동안 이야기해 본 적이 없는 것을 이야기하게 되고 생각하지 않은 것을 생각하게 한다.

2단계 : 코치는 들은 것을 그대로 말한다

고객의 현재와 미래 모습의 차이를 듣고, 고객의 능력과 열정도 듣고 가식 없이 말해 준다. 그동안 대수롭지 않게 여겼던 자신의 능력을 누군가가 실제로 인식시켜 주는 단계이다.

3단계 : 코치는 더 많은 것을 듣는다

고객에게 충분히 시간을 주어 생각하게 하고 더 많은 것에 관하여 말하도록 한다. 이런 시간을 통해 고객은 자신이 한 말을 되짚어 보게 된다.

4단계 : 코치는 행동을 요청한다

고객이 무엇을 할지, 언제 그것을 할지 말해 달라고 한다.

⑬ 산업 및 조직심리학(Industrial and Organizational Psychology)

여러분이 다니는 학교를 학년에 상관없이 수학을 잘하는 학생으로 조직된 학급과 영어를 잘하는 학생으로 조직된 학급으로 편성할 수 있다. 이러한 조직은 학생 능력별로 학급 편성을 도모함으로써 학습 동기를 자극하여 그 조직의 최대 학습 효과를 기대하는 것이다.

회사의 조직도 학교 조직과 다르지 않다. 조직의 구조는 어떻게 만들어지는가? 헨리 민츠버그(Henry Mintzberg, 1939~)가 제시하는 조직의 기본 구성 요건을 보자. 첫째, 운영의 핵심인 회사의 종업원들이 있다. 둘째, 조직 전체의 성공을 책임지는 사람이 있다. 셋째, 조직의 목적을 달성하도록 하는 중간 관리자가 있다. 넷째, 조직의 운영에 필요한 전문적인 기술과 지식을 가진 종업원이 있다. 다섯째, 조직의 서비스를 제공하는 사람인 지원 스태프가 있다. 그리고 학급의 급훈과 같은 조직이 중요하게 여기는 가치가 있다. 조직의 구조는 조직 내에서 개인이 각자 역할을 맡고 있으며 각 개인은 조직 구조의 변화를 가장 먼저 느낀다. 이러한 이유로 산업 및 조직심리학은 조직 구조의 문제에 관심을 기울인다.

산업 및 조직심리학자들은 회사의 조직과 조직원의 성장, 발전을 위한 개입 방안에 대한 연구를 하고 있다. 즉, 적성, 성격, 동기 등 다양한 검사 결과를 바탕으로 선발 의사 결정을 위한 종합적인 접근 방법을 찾고 조직의 학습과 변화에 대해 조사한다. 뿐만 아니라 그들은 팀과 팀워크 및 조직원의 심리적 건강, 리더십 등에 관여하고 있다.

산업 및 조직심리학은 미국심리학회의 제14분과이며 7천 명이 넘는 학회원이 있다. 유럽의 산업 및 조직심리학회, 일본의 산업 및 조직심리학회, 호주의 조직심리학회 등이 있지만 산업 및 조직심리학자의 비율은 다른 분야의 심리학자에 비해 상대적으로 적다. 한국의 산업 및 조직심리학회는 한국심리학회 산하 제3분과이며 기업체 및 산업에서의 인간 활동에 대한 심리학적 연구를 수행하고 있다. 현재 기업체의 조직 행동, 인사, 취업과 관련된 주제가 활발히 연구되고 있다.

산업 및 조직심리학은 브리안(W. L. Bryan)이 미국심리학회 회장 연설사에서 과학적 심리학을 발전시키기 위한 기초로써 산업 장면에서 현실적인 문제를 연구할 것을 강조한 것이 그 시초이다. 그 후 산업공학자들이 산업 효율성 증진에 관심을 두며 산업 및 조직심리학이 태동하게 되었다.

산업 및 조직심리학 탄생의 원동력은 첫째, 1908년 월터 딜 스콧의 『광고심리학』 출간이었다. 이 책은 인간의 효율성 증진에 사용되는 모방과 경쟁 및 충성 등에 관하여 다루고 있다. 둘째, 1911년 프레드릭 윈즐로 테일러(Frederick W. Taylor, 1856~1915)의 『과학적 관리의 원칙들』 출간이었다. 이 책은 회사의 생산량과 종업원의 임금을 동시에 향상시키기 위해서는 환경이 중요하다는 것을 강조하고 있다. 셋째, 1913년 휴고 뮌스

터버그(Hugo Munsterberg, 1863~1916)
의 『심리학과 산업효율성』 출간이었다. 이
책은 종업원 선발, 직업 환경 설계, 판매와
심리학의 응용을 다루고 있다. 특히 여성 심
리학자 릴리언 길브레스(Lilian Evelyn Moller
Gilbreth, 1878~1972)의 역사적인 연설은 어떤
일에서라도 심리학이 필요하다는 시각을 갖도록 하였다.

　이후 산업 및 조직심리학은 전쟁을 통하여 자라나고 발전했으며 산
업 및 조직심리학자는 경제적 뿐만 아니라 개인적 번영에도 크게 공헌
하였다. 전쟁 중에는 산업 및 조직심리학이 실천적인 면에서 사람들에
게 도움을 주었고 전쟁 중이 아닐 때에는 과학적인 진보를 거듭하였
다. 실제로 2001년의 9 · 11 테러 사건 이후 미국은 국가적으로 시급한
새로운 프로그램을 실행하게 되었다. 그 당시에 산업 및 조직심리학자
들은 인력을 채용하는 기준을 만들고, 자격을 검증하고, 지속적인 훈
련과 같은 중요한 역할을 담당하였다.

　산업 및 조직심리학은 일과 일터의 세계를 연구하는 학문이므로
당면한 경제 상황과 강한 연관성이 존재한다. 오늘날 산업 및 조직심
리학에서 다루는 중요한 주제들 중 하나가 변화하는 환경에 맞추어
적응하는 것이다. 조직(Organization)은 재화와 서비스를 생산하기 위
하여 업무를 수행하는 사람의 집합체로써 목적과 목표를 성취하기 위
한 수단으로 존재하며 각 부분이 서로 독립적으로 움직인다면 그들의

목적을 효과적으로 달성할 수 없다. 따라서 조직 수준에서 시급하게 변화에 적응할 필요성이 있다.

최근 산업 및 조직심리학자는 직장인이 변화에 적응하는 과정에서 심리적 건강이 매우 중요함을 강조하고 있다. 직장인의 심리적인 건강이란 일을 할 때 직장인이 정신적, 정서적, 신체적으로 건강함을 말한다. 직장에서는 일과 관련하여 사망이나 사고 혹은 질병을 일으킬 수 있으므로 산업 및 조직심리학자들은 일터에서의 안전 행동과 사고를 유발하는 조건을 연구한다. 또한 일에서의 의무와 가정에서의 의무간의 갈등이 일어날 수 있으므로 직장뿐만 아니라 가정의 영역에도 관심이 높아지고 있다. 이에 따라 산업 및 조직심리학자들은 작업 시간, 집중 근무제, 휴가 등에 관해 연구함으로써 직장인의 심리적 건강을 돕고 있다.

다음에서는 직장인이 변화하는 조직 사회에 적응하기 위해 어떤 작업을 하는지 먼저 살펴보고 이후 그러한 직장인의 정서적 건강의 중요성을 살펴볼 것이다.

조직은 변화하는 환경에 어떻게 적응하는가?

글로벌 아웃소싱

조직 내에서 직무가 없어지는 이유 중 하나가 아웃소싱이다. 직무가 자동화되거나 임금이 낮은 다른 나라로 공장이 이전하면 운영의 핵심에 있는 직무들이 없어질 수 있다. 오늘날 조직은 조직 환경에 적응하기 위하여 중간 관리자를 줄여서 통제의 폭을 더 넓게 하고 감독자 없이 종업원들이 스스로 일하도록 한다.

아웃소스(Outsource)란 '외부에 위탁하다.'라는 뜻이다. 아웃소싱(Outsourcing)이란 조직이 비용 절감과 효율성 증대를 목적으로 일할 직원을 자체적으로 채용하기보다는 경비 인력이나 급식을 제공하는 다른 조직의 사람을 빌려서 사용하기 위하여 용역에 관한 계약을 체결하는 것이다. 글로벌 아웃소싱(Global outsourcing)이란 자국 내의 아웃소싱에 반대되는 개념이며 기업의 해외 업무 위탁을 의미한다. 글로벌 아웃소싱은 현재 전 세계적인 경영 트렌드이다. 글로벌 아웃소싱은 먼 거리에서 서비스 제공을 가능하게 하는 활동이다.

인도는 자국 내 기업들의 아웃소싱이 활발하지는 않지만 국외 기업의 IT서비스 관련 아웃소싱을 선도하는 국가이다. 무엇보다 인도는 영어 사용이 생활화되어 있고 상대적으로 낮은 임금, 과학, 엔지니어링을 공부한 인재가 많기 때문에 아웃소싱지로 인기가 많다.

아웃소싱 등으로 조직의 크기가 축소될 때 조직에 적응하기 위하여 고용과 관련된 사회 전반에 걸쳐 변화의 가능성이 제기된다. 일반적으로, 일자리를 잃은 사람은 이러한 사회적 상황에서 전문적인 재교육과 새로운 기술을 필요로 한다. 산업 및 조직심리학자는 조직의 특성과 변화에 관하여 지속적인 연구를 시행하여 조직과 조직원의 적응을 돕고 있다.

조직원들은 언제 일하기 싫어지는가?

정서적 소진

　일터에서 억지로 일한다면 그 스트레스는 말할 수 없을 정도로 클 것이다. 산업 및 조직심리학자는 직장인이 자신의 일이 적성에 맞을 때 직무에 적응하기 쉽다고 한다.

　대학 진학을 앞둔 여러분은 자신의 적성에 맞는 학과를 선택하는 것이 중요하다. 자신의 적성에 맞는 직무를 갖는다는 것은 조직이나 직장인에게 가장 중요한 부분이며 개인과 조직 모두에게 바람직한 결과를 가져온다. 그렇다면 자신의 적성에 맞지 않는 직장을 선택한 경우는 어떤 결과로 나타날까?

　여러 가지 부정적인 결과들 중 정서적인 소진(Burn Out)을 보도록 하자. 여러분은 언제 공부하기 싫어지는가? 공부를 하는 것도 중요하지만 공부할 때의 마음도 중요하다. 즐거운 마음으로 공부를 할 때는 스트레스가 덜하지만 하기 싫은 공부를 억지로 한다면 공부의 효율성은 떨어진다. 그래서 신나게 공부할 수 있는 환경을 마련하는 것이 필요한 것이다. 직장인들도 정서 관리를 잘해야 신나는 조직 문화를 만들 수 있고 이것이 곧 업무 효율을 높이는 것까지 연결될 수 있다.

　소진이란 자신이 가지고 있는 여러 가지 자원이 고갈된 상태를 말한다. 직장에서 정서적으로 고갈이 되면 자신에게 주어지는 업무에 대해 관심도 흥미도 없어지고 피곤함을 느끼면서 삶의

공허함을 느끼게 된다.

정서적으로 소진된 직장인은 타인에게 신경질적이 되고 부정적으로 반응을 하게 된다. 자신이 만나는 사람을 물건처럼 취급하거나 자신과는 무관하다고 생각하면서 그 사람이 소중한 사람이라는 것을 잊어버리게 된다. 이러한 행동은 조직을 신뢰하기 어렵게 만든다.

직장인이 정서적으로 고갈되고 타인과 거리를 두게 되면 결국은 자신은 더 이상 조직에서 필요한 존재가 아니라고 생각하게 되고 자신의 성취감 또한 낮아지게 된다. 이러한 정서적인 소진은 몸, 마음, 행동뿐만 아니라 타인과의 관계에서도 다양한 증상으로 나타난다.

정서적 소진의 주요 증상

측면	증상
신체	두통, 위장 장애, 피로, 불면증, 수면 과다, 체중의 변화
정서	우울함, 공허감, 고립감, 압박감, 두려움, 절망감, 분노의 증가
행동	과식, 일의 효율성 및 생산성 감소, 무능력, 즐거움의 감소, 불평, 이직
대인 관계	동료와의 갈등, 타인에 대한 관심 감소, 타인에 대한 분노 및 불신

출처 : Corey & Corey (2002)

직장인의 직무 스트레스 관리 지침

직장인은 스트레스를 받지 않기 위해서 무엇을 할 수 있을까?

직장인은 회사가 요구하는 것이 자신의 능력, 자원, 요구와 맞지 않을 때 스트레스를 경험하게 된다. 이러한 심리적 고통을 경험하지 않기 위해서 회사와 직장인은 상호 예방 활동을 하는 것이 중요하다. 1차 예방으로 회사는 직장인이 일과 가정의 균형을 이룰 수 있도록 도와주는 프로그램을 시행해야 한다. 2차 예방으로 회사와 직장인은 직무 스트레스 관리 지침을 만들고 관리 프로그램을 시행해야 한다. 3차 예방으로 회사가 직무 스트레스 관리 지침을 지속적으로 시행하는 것이 필요하다.

직장인 스스로도 자신의 직무 스트레스를 관리하는 지침을 만들 필요가 있다. 직장인의 직무 스트레스 관리 지침을 살펴보자. 규칙적인 생활과 건전한 생활 리듬 유지, 취미 생활, 오락, 스포츠 등으로 스트레스 해소, 운동과 균형 잡힌 식사, 음주와 흡연 삼가, 적극적인 대인 관계 등이 필요하다.

이처럼 산업 및 조직심리학자는 직장인이 조직의 변화에 적응하고 직무 스트레스를 받지 않고 자신의 정서를 잘 관리하여 직무에 만족하고 몰입할 수 있는 환경을 조성하기 위한 연구를 하고 있다.

꿈이 없다 호소하는 20~30대 많아져…

최근 꿈이 없다고 말하는 20~30대가 많아진 것으로 나타났다. 전문가는 대학 진학만을 바라보고 학업 위주의 삶을 살았던 청년들이기에 정작 진로를 정하는 것에는 어려움을 겪는 것이라고 분석했다.

한국의 대학 진학률은 70.9%로 아주 높지만, '진로 결정 시점'에 대한 결과는 '아직 어떤 일을 할지 결정하지 못했다.'는 응답자가 48.6%에 달했다.

20~30대는 삶의 무게가 무겁다고 말한다. 전문가는 2030세대가 자신에 대해 성찰하는 시간이 부족하다는 개인적 요인과 함께 사회적 요인으로 인해 무기력감에 쉽게 빠진다는 의견을 냈다.

⑭ **문화 및 사회문제심리학**(Culture and Social Issues Psychology)

　여러분은 한국인, 한국 사회, 한국 문화에 대하여 생각해 본 적이 있는가? 우리는 한국인이고 한국 사회에 살고 있고 한국 문화는 우리 고유의 문화이다.

　문화심리학은 사람의 행동에서 문화적인 영향력을 밝혀내는 분야이다. 언어, 관습, 법, 교육, 제도, 역사 등 다양한 소재들로 만들어지는 문화가 사람의 행동과 마음의 과정에 어떻게 영향을 주는지 살펴보는 학문이다. 연구 범위는 특정한 몇 가지 주제라기보다는 사람이 만들어 놓은 모든 문화적 요소들을 포함한다. 또한 모든 문화에서 일반적으로 나타나는 보편적인 영역과 특정한 문화에서만 나타나는 특수적인 영역을 구분하여 연구를 수행하고 있다. 문화 및 사회문제심리학자는 사회 심리의 문제를 우리나라의 역사, 사회, 문화의 틀 안에서 이해할 수 있도록 연구하는 사람이다.

　한국의 문화는 어떤 특징을 지니고 있을까? 한국의 문화는 한국의 젊은이에게 어떤 영향을 미치는가? 문화심리학은 숫자를 통한 수치화로 사람의 마음을 측정하고자 하는 다른 심리학 영역에 비해 상대적으로 질적 연구 방법을 많이 사용한다. 숫자로 나타내는 대신 사회와 문화의 실제 현상과 그것에 영향을 받는 사람의 마음에 대한 생생한 진짜 이야기에 귀 기울이는 방식을 선택하는 것이다. 서로 다른 문화를 비교하는 비교문화심리학에서는 주로 숫자를 통한 비

교를 통해 국가 간이나 민족 간 차이 연구를 수행하기
도 한다.

  문화심리학자는 한국의 문화를 집단주의 문화, 나와
남을 비교하는 문화, 표현하지 않는 문화라고 하였다.
심리학자는 이러한 문화 속에 살아가고 있는 한국 젊은
이의 특징 중 세 가지를 제시하였다. 첫째, 자신의 행동을 결
정할 때 집단의 신념을 중요하게 여긴다. 즉, 동료 집단 혹은
가족 집단의 신념을 중요하게 여긴다는 것이다. 여러분은 어떤가? 여
러분의 진로를 결정할 때 주변 친구들이나 부모님의 생각이 의사 결
정에 많은 영향을 끼치는가? 둘째, 나와 남을 구분하고 자신의 실패
를 남의 탓으로 돌리는 경향이 있다. 이러한 행동은 문제의 원인을 남
에게 전가함으로써 자신의 책임을 회피하려는 마음이 크기 때문이다.
여러분은 어떤가? 시험 성적이 잘 나오지 않았을 경우, 엄마가 아침에
깨워 주지 않아서 그렇다고 생각한 적이 있는가? 셋째, 한국의 젊은이
는 직접적으로 표현하지 않는다. 대신에 돌려서 이야기함으로써 남의
비위를 건드리지 않고 원만한 인간관계를 유지한다.

  한국 사회는 이러한 이유 때문에 '눈치' 문화라고 한다. 여러분은 누
구의 눈치를 보는가? 집에서는 엄마의 눈치를 보고, 학교에서는 친구
의 눈치를 보는가?

  이처럼 문화심리학이 사람이 만들어 놓은 다양한 문화가 사람의 행
동에 미치는 영향을 밝혀내는 학문이라면, 사회문제심리학은 한 사회

내에서 다양한 사회 문화적 현상이 문제로 나타나는 것에 주의를 기울인 학문이다. 사람은 그 사람이 속한 문화나 다른 사람의 기준으로 자신을 평가한다. 그리고 그러한 사람이 점점 늘어나거나 하나의 문화적 현상이 되면, 그것이 다른 여러 사람에게 전염되는 현상이 나타나게 된다. 예를 들어 가정 폭력, 학교 폭력, 청소년 자살, 취업이 어려운 대학생, 결혼과 육아로 직장을 그만두게 되는 여성, 고령화 사회의 노인 문제, 노숙자 문제 등과 같은 이슈가 크게 부각되게 되면 사람은 그러한 현상에 더 많이 노출이 되고 자신의 행동까지 영향을 받게 된다. 이러한 문제의 원인을 밝히고 현상을 조사하고 예측하는 분야가 사회문제심리학이다.

몇몇 심리학자는 사회 문제를 일으키는 원인으로 편견을 든다. 편견이란 예를 들어 어떤 특정 집단의 성원이라는 이유만으로 그 사람을 부정적으로 보는 것을 말한다. 어떤 집단에 대하여 편견을 가지고 있는 사람은 그 집단에 속한 사람을 무시하고 부정적인 평가에 근거하여 미리 판단하게 된다.

여러분은 어떤 편견을 가지고 있는가? 공부를 못하는 친구에 대한 편견, 장애인에 대한 편견, 다문화 친구에 대한 편견은 없는가? 혹은 흑인에 대한 편견, 나이 든 사람에 대한 편견, 여성에 대한 편견은 어떠한가?

이러한 편견은 학교에서 친구에게 차별적인 행동을 하도록 만든다. 예를 들어 학교에서 다문화 가정의 친구를 피부색이 다르다고 놀리거

교수님과 함께 떠나는
심리학 여행

나 우리말을 못한다고 놀린다. 더 나아가서는 축구나 야구와 같은 운동에도 참여시키지 않는다.

사람의 편견을 줄이는 방법은 무엇이 있을까? 사회문제심리학자는 편견을 없애기 위한 여러 개입 방안에 대해 연구하고 있다.

사회 문제 I. 경력 단절 여성

경력 단절 여성이란 임신, 출산, 육아 등의 이유로 경제 활동을 중단한 여성 중에서 취업을 희망하는 경우를 뜻한다.

유교 국가인 우리나라는 전통적으로 여성의 일과 남성의 일이 뚜렷이 구분되어 있었다. 여성이 주로 아이를 기르고 가족을 돌보는 일이 당연시되는 문화였다. 그러나 예전과 달리 여성의 학력이 높아지고 우수한 여성 인적 자본이 축적되면서 학교를 졸업한 이후 취업하는 것이 당연하게 여겨지고 있다. 하지만 아직 우리 사회는 여성이 결혼, 출산, 육아 기간에도 안심하고 일과 가정을 병행하기에는 어려운 상황이다.

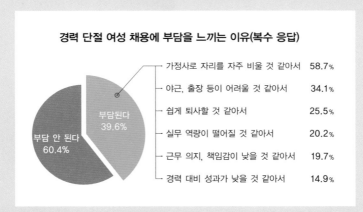

경력 단절 여성 채용에 부담을 느끼는 이유(복수 응답)

부담된다 39.6%
부담 안 된다 60.4%

- 가정사로 자리를 자주 비울 것 같아서 58.7%
- 야근, 출장 등이 어려울 것 같아서 34.1%
- 쉽게 퇴사할 것 같아서 25.5%
- 실무 역량이 떨어질 것 같아서 20.2%
- 근무 의지, 책임감이 낮을 것 같아서 19.7%
- 경력 대비 성과가 낮을 것 같아서 14.9%

출처 : 사람인

통하여 그들의 경험을 찾아내는 것이 아니라 경험한 것에 대한 생각과 느낌을 분명하게 표현하게 하는 접근 방식이다. 최근 질적 연구는 여러 단계의 복잡하고 정교한 연구 과정을 거쳐 구성 요소와 방법의 단계 등 방법적인 문제를 더욱 공식적으로 고려하고 있으며 주요 내용과 연구 방법의 단계를 지속적으로 연구하고 있다.

질적 연구와 양적 연구는 서로 배척하는 것이 아니라 상호 보완적인 관계다.

질적 연구는 어떻게 사용하는가?

학교 폭력의 방어자 역할 경험의 질적 연구를 실시하기 위하여 다음의 질문지를 사용한다.

연구 문제 1	방어자의 도움 행동은 어떠했으며 방어자는 도움 행동 당시 어떤 심리적 경험을 하였는가?
1	주변 친구들은 학교 폭력 사건 과정에서 어떤 행동을 하였습니까?
2	학생(방어자)은 그 장면에서 어떤 행동을 하였습니까?
3	도움 행동 전후에 자신은 어떤 생각, 느낌이 들었습니까?
4	당시 방어자의 개입 이후 주변의 다른 학생들의 행동은 어떠했습니까?
연구 문제 2	방어자의 도움 행동은 피·가해자와 자신 및 주변인들과의 관계에 어떤 영향을 미쳤는가?
1	친구를 도와준 경험은 이후 주변 또래 친구들과의 관계에 어떤 영향을 미쳤습니까?
2	학생(방어자)은 이러한 도움 행동이 피해자, 가해자에게 어떤 영향을 미쳤다고 생각합니까?(태도, 행동, 가치관)
3	이러한 도움 행동이 자신에게 미친 영향은 무엇입니까?(태도 및 행동 또는 가치관 등 자유롭게 표현)
연구 문제 3	방어자의 도움 행동과 관련된 개인적 특징은 어떠한가?
1	이번 사건 이외에도 타인을 돕는 행동을 한 적이 있는지 소개해 주세요. 그때는 어떤 동기로 그렇게 했을까요?
2	폭력과 관련하여 어떤 경험이 있었는지 말씀해 주세요.
3	또래 관계에서 자신은 어떤 위치에 있다고 생각하십니까?

양적 연구는 무엇인가?

　양적 연구(Quantitative Research)는 대상의 양적 측면에 주목한다.

양적 연구는 언제 사용하는가?

　양적 연구는 어떠한 물음에 답하기 위하여 통계적인 방법으로 분석할 수 있는 데이터를 수집하는 방식으로 이루어진다. 양적 연구는 대상의 양적인 측면에 주목하여 숫자로 된 자료를 통해 증거를 제시하고 이를 체계적으로 분석함으로써 그 연관성을 밝힌다.

양적 연구는 어떻게 사용하는가?

　양적 연구가 어떻게 이루어지는지 알아보기 위해서 청소년의 자기 표현을 측정하는 심리 척도 개발 과정을 살펴보자.

심리 척도 개발 과정

1. 연구자는 청소년이 어떻게 자기를 표현하는지 궁금하였다.

▼

2. 연구자는 기존 청소년의 자기 표현을 측정하는 국내와 국외의 심리 검사들에 대해서 조사하였다.

▼

3. 실제 청소년의 자기 표현은 어떠한지 알아보기 위하여 7명의 고등학생을 그룹으로 인터뷰하고, 3명의 고등학생을 개별 인터뷰하였다. 그리고 2명의 교사에게 개별 인터뷰를 실시하여 예비 문항을 수집하였다.

▼

4. 인문계 고등학생 80명과 교사 3명을 대상으로 개방형 질문지를 배부하고, 교육학 전공 박사 3명과 교사 1명, 상담심리학 전공 교수 1명의 대상에게 문헌 검토 및 토의를 통해서 문항을 작성하였다.

▼

5. 만들어진 문항이 청소년의 자기 표현을 잘 측정하는지 알아보기 위하여 교육학 전공 박사 3명과 교사 1명, 상담심리학 전공 교수 1명에게 내용 타당성을 검토 받았다.

▼

6. 위의 5단계로 만들어진 문항으로 인문계 고등학생 100명에게 예비 조사를 실시하였다.

▼

7. 만들어진 척도 문항으로 인문계 고등학생 257명을 대상으로 본조사 1을 실시하여 청소년의 자기 표현 척도의 구성 요인들을 확인하기 위하여 탐색적 요인 분석을 실시하였다.

▼

8. 7단계의 탐색적 요인 분석에서 추출한 요인들의 도출을 확인하기 위하여 전문계 고등학생과 인문계 고등학생 457명과 중학생 553명을 대상으로 확인적 요인 분석을 위한 본조사 2를 실시하였다.

▼

9. 최종 척도 개발을 완료하였다.

'자기 표현' 질문지

번호	내용	전혀 그렇지 않다	그렇지 않다	보통 이다	그렇다	매우 그렇다
1	내 의견만을 주장하는 것이 아니라 상대방의 의견도 존중해 주고 있나?	①	②	③	④	⑤
2	편지나 쪽지를 통해서도 나를 표현할 수 있나?	①	②	③	④	⑤
3	상대방이 처한 상황을 고려하여 말하고 있나?	①	②	③	④	⑤
4	상대방의 기분을 고려하여 말하고 있나?	①	②	③	④	⑤
5	내가 원하는 것을 있는 그대로 말하고 있나?	①	②	③	④	⑤
6	자신을 낮추고 겸손하게 말하고 있나?	①	②	③	④	⑤
7	말끝을 흐리지 않고 명확하게 말하고 있나?	①	②	③	④	⑤
8	완전한 문장으로 정확하게 말하고 있나?	①	②	③	④	⑤
9	내가 말하고자 하는 바를 눈치 보지 않고 말하고 있나?	①	②	③	④	⑤
10	말하고 싶은 것이 있을 때 참기보다는 표현하고 있나?	①	②	③	④	⑤
11	말할 때 발음을 분명하게 말하고 있나?	①	②	③	④	⑤
12	나를 표현하기 위한 적절한 수단으로 휴대 전화 문자를 사용하고 있나?	①	②	③	④	⑤
13	실수에 대한 두려움 없이 위축되지 않고 말하고 있나?	①	②	③	④	⑤
14	인터넷을 통하여 친구들에게 나를 자연스럽게 표현하고 있나?	①	②	③	④	⑤
15	내가 하고자 하는 말을 망설이지 않고 말하고 있나?	①	②	③	④	⑤

심리학과에서 배우는 과목들

① 학부 과정

심리학과에 진학하면 심리학에 대한 이해를 시작으로 심리학을 연구하는 방법과 앞에서 다룬 심리학의 열다섯 가지 분야에 대한 개관적 지식을 4년 동안 폭넓게 배우게 된다. 각 대학마다 기초심리학 과목들을 '전공 필수'로 정해 놓고 있다. 그리고 기초심리학 지식을 응용할 수 있는 응용심리학 과목들을 '전공 선택'으로 개설해 놓고 있다. 전공 필수 과목을 수강하면서 심리학에 대한 기초 지식을 배우고, 전공 선택 과목을 수강하면서 더 관심 있거나 더 자세히 공부하고 싶은 분야를 탐색하게 된다. 이 과정에서 더 공부하고 싶은 분야가 생기면 향후 대학원에 진학하여 해당 분야의 전문 지식을 깊이 있게 공부하게 된다.

대학별로 전공 필수와 전공 선택 과목은 조금씩 다르지만, 심리학 개론, 심리통계, 심리학 연구법, 성격심리학, 발달심리학, 생리심리학,

인지심리학, 사회심리학, 이상심리학 등의 과목들은 공통적으로 전공 필수 과목으로 개설되어 있다. 1, 2학년에서는 심리학개론을 비롯한 전공 필수 과목을 이수하도록 권장되며 3, 4학년에서는 전공 선택 과목을 수강하면서 진로를 고려하여 자율적으로 공부할 수 있도록 하고 있다. 먼저, 대학에서 배우게 되는 심리학의 주요 전공 과목들을 살펴보고 그 후 어떤 전공 선택 과목들이 있는지 살펴보자.

심리학과 전공 과목

		1학년		2학년		3학년		4학년	
		1학기	2학기	1학기	2학기	1학기	2학기	1학기	2학기
전공 필수	심리학개론	O	O						
	심리학 연구법		O						
	심리통계	O	O						
	성격심리학			O					
	발달심리학				O				
	생리심리학			O					
	이상심리학			O					
	인지심리학			O					
	사회심리학				O				
	조직심리학					O			
전공 선택	학습심리학				O				
	임상심리학				O				
	상담심리학				O				
	건강심리학							O	
	범죄심리학							O	
	소비자심리학					O			
	광고심리학								O
	심리측정					O			
	심리검사						O		

심리학개론 과목에서는 심리학의 과학적 측면과 심리학을 전공하는 데 필수적인 기초 개념, 연구 절차, 연구 영역과 적용 범위에 관한 전반적인 지식을 공부한다. 심리학이 어떤 학문인지 알아 가면서 앞으로 심리학도로서 무엇을 공부해야 할 것인가를 생각하게 하는 과목이다.

심리통계 과목에서는 심리학에서 널리 사용되고 있는 실험 설계에 대해 공부한다. 눈에 보이지 않는 심리학의 내용을 측정하기 위한 계획과 실제 조사, 분석을 실제로 해 보는 과정을 포함하고 있어 심리학을 과학적으로 이해할 수 있는 과목이다.

성격심리학 과목에서는 사람의 성격에 대한 다양한 이론들을 비교하고 검토한다. 성격의 구조, 성격의 발달, 적응과 부적응, 성격의 변화를 위한 방법 등 성격 이론을 통해서 공부한다.

발달심리학 과목에서는 행동의 발달과 성장을 좌우하는 요인과 각 발달 단계별 행동 특성에 대해서 공부한다. 인간의 언어와 인지 발달에 대해서도 공부한다.

생리심리학 과목에서는 사람이 세상으로부터 무언가를 감지하는 감각 과정, 지각 등을 중심으로 뇌에 관한 지식과 어떻게 뇌를 연구할 것인지에 대해 공부한다. 인간의 신경과 학습, 기억과 같은 분야에서 동물 실험을 통해 밝혀진 결과에 대해서도 살펴본다.

심리학 연구법 과목에서는 심리학의 다양한 연구 방법에 대해서 배운다. 연구 방법의 기본 원리를 학습하고 각 분야에서 어떻게 적용할 수 있는지에 대한 학습과 실제 학습을 실시한다.

사회심리학 과목에서는 사회의 구성원으로서 인간이 보이는 행동과 사고 과정에 관해서 배운다. 이를 위해서 이미 많은 학자가 만든 이론들과 실험 연구들을 살펴본다. 고정 관념과 편견, 대인 지각, 사회 인지, 사회적 영향력, 태도 변화, 이타 행동 및 대인 매력이 사회심리학의 주요 주제들이다.

인지심리학 과목에서는 인간이 세상의 정보를 받아들이고 그것을 처리하는 과정에 대해 배운다. 사람들이 정보를 받아들이고 그것이 어떠한 인지 과정을 거치며, 뇌와 생각은 어떻게 연결되는지에 대해서 배운다.

이제 세 대학교에 개설된 심리학과 전공 과목을 자세히 살펴보자.

A대 심리학과 교육 과정

학년	1학기		2학기	
1	교필	데이터 분석 기초	전필	심리통계2
	전필	심리통계1	전필	심리학 연구법
	전필	심리학개론	교필	기초과목
	교필	기초과목	전선	발달심리학
	전선	생리심리학 및 실험	전선	산업심리학 및 실습
2	전선	이상심리학 및 실습	전선	아동이상심리학 및 실습
	전선	인지심리학 및 실험	전선	임상심리학
	전선	학습/성격 심리학/ 동기와 정서	전선	직업심리학 및 실습/ 사회심리학 및 실험
	전선	조직심리학 및 실습 (캡스톤 디자인)	전선	감각과 지각
	전선	긍정심리학	전선	사고 과정의 이해
3	전선	다문화심리 및 상담	전선	심리 검사 및 실습
	전선	상담심리학 및 실습	전선	집단 상담
	전선	소비자심리학/ 심리 측정 및 실습/ 인지공학심리학	전선	집단심리학/ 현대 상담의 이론과 실제
	전선	가족 상담	전선	광고심리학
	전선	건강심리학	전선	심리학과 컴퓨터
4	전선	남녀관계 심리학	전선	언어심리학
	전선	범죄심리학 및 실습	전선	사회과학 인턴십
	전선	인지행동 치료 입문/ 사회과학 인턴십		

교수님과 함께 떠나는
심리학 여행

K대 심리학과 교육 과정

학년	1학기		2학기	
1	전공 기초	심리학개론		
2	전선	감각 및 지각	전선	학습심리학
	전선	심리통계	전선	청년심리학
	전선	발달심리학	전선	정신분석입문
	전선	성격심리학	전선	동기와 정서
	전선	사회심리학	전선	산업심리학
3	전선	심리학 연구법	전선	인지심리학
	전선	생물심리학	전선	이상심리학
	전선	발달정신병리학	전선	인간중심상담
	전선	범죄심리학	전선	조직심리학
	전선	상담심리학	전선	학교상담
4	전선	인지과학	전선	심리학 실험
	전선	발달심리 연구	전선	현대 아동 발달의 문제
	전선	심리 검사	전선	임상 현장 실습 지도
	전선	임상심리학	전선	상담 사례 연구
	전선	상담 면접 실습 및 지도	전선	긍정 심리학

E대 심리학과 교육 과정

학년	1학기		2학기	
1	전선	심리학의 이해	전필	사회과학 고전 읽기
2	전선	성격심리학	전선	인지심리학
	전선	학습심리학	전선	사회심리학
	전선	기초심리통계	전선	생물심리학
	전선	발달심리학	전선	유아 및 아동 발달
	전선	이상심리학		
3	전선	산업 및 조직심리학	전선	발달장애

3	전선	상담심리학	전선	상담 실습
	전선	심리 측정 및 검사	전선	소비자심리학
	전선	지각심리학	전선	심리 연구 방법
	전선	청년발달심리학	전선	심리 평가
4			전선	판단과 결정심리학
	전선	광고심리학	전선	가족심리학
	전선	동기와 정서	전선	문제의 해결
	전선	발달심리 실습	전선	실험심리학
	전선	성인 및 노인심리학	전선	중급심리통계
	전선	언어심리학	전선	현대 사회와 여성 상담

다음으로 주요 전공 선택 과목을 살펴보자.

학습심리학 과목에서는 새로운 것을 받아들이는 학습이 어떻게 일어나는가에 대해 배우게 된다. 이를 위해 인간과 동물을 대상으로 실시된 실험의 결과를 살펴본다.

광고심리학 과목에서는 광고가 개인과 사회의 경제 활동에 미치는 영향과 그 과정을 심리학적 관점에서 다룬다. 광고의 특성과 광고 환경의 특성, 그리고 소비자의 특성이 어떻게 사람들의 소비 활동에 영향을 미치는지 심리학 이론과 실제 사례를 통해 공부한다.

건강심리학은 신체 건강에 미치는 심리적 요소를 다룬다. 건강과 질병에 미치는 심리적 요소에 대해서 살펴보고 질병의 치료와 예방 방법에 대해 공부한다.

상담심리학 과목에서는 상담에 대한 이해와 상담 이론들을 배움으로써 자기에 대해 이해하고, 다른 사람을 이해할 수 있는 인성적 바탕을 마련한다. 또한, 교육, 직장, 산업 조직에 이용될 수 있는 실제 상담 과정의 기법 등을 배운다.

범죄심리학 과목에서는 과학적이고 논리적인 분석을 통하여 범죄와 관련된 인간 행동에 대해 이해한다. 범죄 발생과 관련된 직접적인 심리 이해를 위한 이론과 실제적인 법의 문제들에 대해서 배우게 된다.

임상심리학 과목에서는 사람의 마음을 올바르게 이해하기 위한 심리 진단, 치료와 관련된 이론과 다양한 접근 방법들을 배운다.

심리측정 과목에서는 보이지 않는 마음을 측정하기 위해 고려해야 할 것에 대해서 배운다. 어떻게 마음을 측정할 수 있는지에 대한 측정 방법과 먼저 만들어진 심리 검사를 실제로 해 보는 과정, 그리고 개발하는 과정을 실습한다.

심리 검사 과목에서는 심리학적 이론을 바탕으로 한 다양한 심리 검사가 어떻게 제작되었고, 어떻게 검사를 실시하는지, 그리고 실시된 결과를 어떻게 채점하고 해석하는지에 대한 내용을 배운다. 또, 심리 검사를 사용할 때 고려해야 하는 각 검사 도구들이 지니고 있는 특성에 대해서도 다루게 된다.

심리학과 재학생 인터뷰

① 재학 기간 중 참여한 실험 연구

학생	학년	학기	연구 주제	연구 참여 후 느낀 점
A대	1	2	이중 처리 모형과 판단 실험	인지심리학 실험 중 처음으로 참여했던 연구로써 설문지로 데이터를 모으기 위해 참여한 연구와는 다르게 재밌는 경험을 할 수 있었다.
	1	2	손가락 길이와 상황 선택 실험	참여하기 전 본 주제에 대한 커버 스토리가 있다고 생각했지만 손을 진짜 프린트하여 측정하는 것을 보고 재밌는 주제라고 생각했다.
K대	1	1	회상에 따른 감정 변화	실험이 진행될수록 불안감이 증폭되는 것 같아 신기했다.

② 심리학 팀프로젝트 참여 경험

학생	학년	학기	주제	방법
A대	1	1	긍정적, 부정적 자극에 따른 첫인상 호감도 평가	홍어 냄새를 맡은 뒤 부정적 자극, 향수를 통해 긍정적 자극을 두어 집단을 구분하고 처치를 받은 사진에 대해서 호감도를 평가하도록 함. 이후 가설(긍정적 자극을 받은 집단이 부정적 자극을 받은 집단보다 평가 점수가 높을 것)에 대해서 두 집단이 유의미한 차이가 나타났는지 확인함.
	1	2	자이가르닉 효과	지시문을 통해 완수, 미완수 집단을 구분하고 테스트를 치름. 이후 t-test를 통해 확인하여 자이가르닉 효과가 유의미하게 나타났는지 확인함.

③ 앞으로 하고 싶은 희망 연구 주제

학생	연구 주제	이유
A대	귀인 성향 형성 원인 탐색	현대 사회에서 귀인 성향의 형성 요소들을 탐구하고 싶다.
K대	집중	사람이 집중하고 싶을 때 마음대로 집중 상태로 넘나들 수 있게 된다면 일의 능률, 다양한 장애 문제 등 큰 진보가 이루어지지 않을까 싶어서 탐구하고 싶다.
E대	트라우마	생각보다 많은 사람이 다양한 트라우마로 고통받고 있기 때문에 탐구하고 싶다.
	학교생활	학교에서 발생하는 방치 혹은 정서적 학대가 청소년 발달에 미치는 영향을 알고 싶다.
S대	언어심리	언어 인지 과정과 정확성 개선에 관한 연구를 해 보고 싶다.

④ 심리학과 지원 이유, 전공 만족도, 계획, 향후 전망

A대	지원 이유	평소 사회심리학에 관심을 두고 있었다.
	전공 만족도	매우 만족하고 있고, 2학년부터 배울 전공 선택 과목들을 기대하고 있다.
	계획	전공은 확실하게 정하지 못했지만 대학원에 진학할 것이다.
K대	지원 이유	내 주변 사람들의 마음을 이해하고 행복하게 할 수 있는 것에 가장 가깝고 인간적인 학문이라 생각했기 때문이다.
	전공 만족도	지금은 나쁘지 않다. 좀 더 공부하고 좀 더 진로와 삶에 대해 고민해 보아야 확신을 내릴 수 있을 것 같다.
	향후 전망	심리학의 전공 자체를 살리려면 대학원 석사 이상의 자격이 요구되기에 긴 수련 과정과 많은 지식이 요구된다. 최근에 심리학이 어느 정도 각광받고 있긴 하지만 아직까지 심리학의 대우는 다른 전문직에 대비해 떨어지는 편이라 생각한다. 점차 나아질 것 같긴 하지만 아직은 더 지켜봐야 한다고 본다.
E대	지원 이유	학교생활 중 힘든 일이 많아서 고통스러웠기에, 그 고통을 덜어낼 수 있도록 돕는 상담 혹은 임상 전문가가 되고 싶었다. 동시에 학교와 가정을 비롯한 사회에서 아동이 정서적 안정을 느끼도록 지원하는 심리 프로그램과 사회 시스템을 만들고 싶어 심리학과에 지원했다.
	전공 만족도	전공 만족도 매우 높음. 원하는 학교, 학과에 진학한 것에 대한 만족이 높다. 배우는 내용이 내가 생각한 것과 잘 맞고 원하는 진로를 이루는 데 매우 큰 도움이 될 것이라는 확신이 있어서 더욱더 만족스럽다. 또한, 심리학과에도 다양한 분야가 존재하고 다른 학과의 내용과도 많이 연결되는 것이 더 폭넓은 지식과 사고를 가질 수 있게 해 주었기에 만족한다.

E대	향후 전망	아직 다른 나라에 비해 정신과나 상담 등 심리 치료에 관한 인식이 부정적이고 공인 상담 자격증이 없는 등 관련 정책이나 제도도 완전하지 않다고 느낀다. 하지만 최근 사람들의 인식이 급격하게 변하고 있고, 심리학과 연관된 연구들이 활발히 진행되고 있으며, 4차 산업 시대가 시작되면서 서비스와 인간에 많은 관심이 생기는 상황으로 보아 전망은 매우 밝은 편이다. 많은 학생이 '상담'과 '범죄 심리'를 주로 생각하고 심리학과에 진학한다. 하지만 심리학과에도 굉장히 많은 분과와 세부 연구들이 있기에 어떤 부분을 중심적으로 공부하고 싶은지와 심리학과에 진학해서 무엇을 하고 싶은지 먼저 생각한 후 진학하는 것을 추천한다. 심리학 연구에서는 통계를 매우 중요하게 생각하고 세부 전공과 함께 깊이 있게 다루기 때문에 '확률과 통계' 과목의 성적을 잘 받는 것도 유리할 것 같다. 심리학의 개념에서 인상적이라고 생각하는 것들을 대략적이라도 파악하고 관련 내용을 생기부나 자소서에 기재하는 것도 큰 도움이 될 것 같다.
S대	향후 전망	우리가 살아가면서 겪는 거의 모든 것은 결국 심리학과 관련이 될 수밖에 없기 때문에 심리학은 무궁무진한 발전 가능성을 갖고 있다. 또, 심리학을 배우면 나 자신과 주변 사람들에 대한 이해가 깊어질 수 있으니, 많은 사람이 관심을 가졌으면 좋겠다.

② 대학원 과정

대학원 과정도 학교마다 교육 과정과 주요 심리학의 학문 분야가 상이하다.

범죄심리학

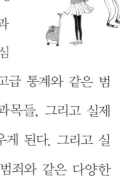

대학원에 진학하여 범죄심리학을 전공하면 범죄심리학의 제반 이론을 배우고, 경험적인 연구에 대한 공부를 두루 하게 되며, 범죄 관련 분야의 전문가가 될 수 있다. 이를 위해서 심리학개론과 범죄심리학, 생리심리학, 사회심리학 등 학부에서 공부한 선수 과목들을 토대로 고급사회심리학, 수사심리학, 범죄심리학과 같은 이론 과목과 범죄심리 연구방법론, 고급 통계와 같은 범죄 심리를 연구하기 위한 방법에 대해서 배우는 과목들, 그리고 실제적인 법과 관련된 형법총론, 형사소송법 등을 배우게 된다. 그리고 실제 일어나고 있는 청소년 비행, 여성 범죄, 약물 범죄와 같은 다양한 범죄 현상에 대해서 공부하고 더 나아가 범죄 예방을 할 수 있는 방안에 대한 과목들을 공부한다.

임상심리학

임상심리 대학원에 진학하게 되면, 심리적 문제의 진단과 치료적 개입을 위한 실제적 지식과 기술에 대해서 배우게 된다. 무엇보다 다른 사람의 심리적 안녕을 위해 돌보는 자세를 갖도록 하는 자기 성찰의 시간도 갖게 된다.

이를 위해서 학부에서 수강한 임상심리학과 발달심리학을 확장하여 배우는 고급임상심리학, 고급발달심리학과 같은 과목들과 실제 심리 진단을 위한 이론을 포함하는 아동 심리 평가와 심리 평가를 배우게 된다. 그리고 치료적 면접, 현장 실습 등의 과목을 통해서 현장 실무를 경험하게 된다.

상담심리학

상담심리학은 삶을 살아가는 과정에서 개인의 적응과 기능, 대인 관계를 원활히 하는데 목표를 두고 있으며, 정서적, 행동적, 사회적, 직업적 측면, 그리고 교육 및 건강 등의 영역에서의 적응, 기능 및 문제에 대한 과목들을 수강할 수 있다. 또, 대학원 과정을 통해서 다양한 상담심리학 관련 자격증을 준비할 수 있도록 상담 이론 과목을 수강하고 상담 실제의 기법과 전문적 훈련 과목을 통해 이론과 실무 역량을 갖출 수 있도록 한다.

상담의 주요 이론을 배우는 상담 및 심리 치료 이론, 집단 상담을 배우고 경험하는 집단 상담, 내담자의 심리 상태를 평가할 수 있는 심리 평가 등을 배우게 된다. 그리고 청소년 상담, 부부 상담, 학교 상담, 노인 상담 등 다양한 대상을 위한 상담 이론과 기법을 배운다. 그리고 상담 심리와 관련된 연구를 하기 위한 상담 연구 방법론과 실제로 현장 경험을 할 수 있는 상담 면접 및 실습과 같은 과목을 수강할 수 있다.

조직심리학

조직심리학자들은 기업 내에서 일하는 사람들의 직무 만족, 작업 동기, 의사 결정, 직장 동료 간의 갈등, 조직 구성원 간의 의사소통, 직장 생활 적응, 노사 간의 갈등과 같이 현대 산업체에서 인간이 직면하고 있는 문제들을 해결하고자 한다. 이에, 대학원에서는 조직심리학의 목표에 맞는 과목을 배우게 된다. 기업 내의 효율적인 인사 선발, 교육 훈련 등과 기업의 효율성을 증진시키기 위한 기업 개발, 작업 환경의 개선 방안 등을 학습하게 된다.

이를 위해서 학부에서 배운 조직 및 산업심리학의 고급 과정인 고급산업심리학과 고급조직심리학, 사람들이 실제로 하는 일에 대한 이해를 위한 직무 분석 및 직무 평가, 필요한 곳에 필요한 사람을 배치할 수 있는 인사 선발과 같은 과목을 수강한다. 또한, 직원을 선발하고 배치하는 기준을 개발한다. 평가할 수 있는 검사를 개발하는 준거 개발 및 검사 타당화도 배우게 된다. 그리고 조직 내 구성원이 실제 경험하는 심리와 관련된 주제를 배우는 리더십, 직무 스트레스 등의 과목도 배우게 된다.

인지심리학

　인지심리학 대학원에 진학하면 사람이 환경과 사건을 지각하고, 상상하고, 추론하는 인지 과정과 인지 과정이 개인의 학습이나 행동에 어떤 영향을 미치는지 깊이 있게 배우게 된다.

　학부 과정에서 배운 기초심리학 과목을 바탕으로 인간이 세상을 어떻게 받아들이는지에 대한 감각 및 지각, 그것이 어떤 감정과 생각을 만들어 내는지에 대한 정서와 인지, 그리고 어떻게 표현되는지에 대한 언어심리학을 배우게 된다. 또, 사람이 어떤 과정을 거쳐 어떤 행동을 결정하게 되는지 배우게 되는 의사결정심리학, 그리고 각 개인이 하는 결정은 왜 모두 다른지에 대해서 학습하는 인지 과정의 개인차와 같은 주제에 대해서 깊이 있게 배울 수 있다.

심리학과 졸업 후 진로 탐색

광고행정, 항공 관련 고문, 건축/디자인 관련, 경영과정공학, 컴퓨터 하드웨어 · 소프트웨어/컴퓨터 인간 인터페이스 심리, 소비자 제품 컨설팅, 범죄/법 상담, 교육 정보/자료 분석, 고용 기획 디자인, 엔터테인먼트 산업, 예술 작품 편집/제작, 환경공학, 정부 실험/조사 디자인, 건강 평가, 인적 자원 관리 기획, 공공서비스 기획, 산업 범죄, 보험 면접, 시장 조사, 군사 심리, 동기화, 협상 중재 심리, 텔레커뮤니케이션, 공중 정책, 교통 인력 선발 · 관리, 병원 및 산재 재활 프로그램, 안전 관련 산업, 감각 평가/지각, 소프트웨어 엔지니어링, 통계 분석, 전략적 기획, 스트레스 평가, 교육 – 훈련 – 작업 · 작업장 디자인, 산업/조직 심리, 상담심리사, 임상심리사, 발달심리사, 약물 중독, 성인 발달, 광고, 노인 복지 기관 전문가, 예술, 평가, 행동 분석, 아동 – 청소년 – 가족 관련 서비스, 아동 일반, 아동임상, 발달장애, 지역 사회 심리, 동물 심리, 갈등 해결, 컨설팅, 상담, 범

죄 · 법심리, 섭식 장애, 교육, 공학 응용, 환경 문제, 인간 공학, 인종 차별, 평가, 운동, 실험, 행동 분석, 가족 문제, 범죄, 집단 문제, 인간 요인, 인력 자원, 최면, 상담－치료－컨설팅 개인업, 국제 심리 (협동, 조정, 협상), 성문제 심리, 측정, 매체 심리, 심적 지체 진단 치료, 신경 심리, 신경 과학, 평화 문제 관련, 지각, 성격, 심리 철학, 생리, 경찰 심리 및 공중 안전 심리, 정신 분석, 심리 약학, 심리 치료, 종교 심리, 학교 심리, 사회 심리, 정치 심리, 사회 정책 심리, 스포츠 심리, 국가 기관 문제, 통계 분석, 약물 남용, 교육, 심리 검사, 퇴역 군인 문제, 직업 심리, 여성 심리, 인지 학습 사고 기술 개발, 컴퓨터－인간 상호 작용(인터페이스), 웹 학습 심리, 웹 적응 심리, 컴퓨터 소프트웨어 디자인, 사이버 공간 심리, 데이터마이닝, 정보 기술 습득/증진 인지 기술, 주의, 인지 발달, 의식, 의사 결정, 정서(감정), 이미지 및 공간 표상, 언어 심리, 기억, 지각, 문제 해결적 사고, 추리, 사회적 인지, 지능 등 다양한 직종과 영역에서 일할 수 있다.

심리학 직업 주직종 분야

- 산업/조직 심리학(Industrial/Organizational Psychology)

- 소비자심리학(Consumer Psychology)

- 상담심리학(Counseling Psychology)

- 병원임상심리학(Clinical Psychology in Hospitals)

- 심리학 상담/치료 개인업(Private Practice Psychology)

- 범죄심리학(Forensic Psychology)

- 인간요인심리학(Human Factors Psychology)

- 군사심리학(Military Psychology)

- 대학/연구 기관에서의 심리학(Psychology in Academic Careers)

- 건강심리학(Health Psychology) / • 미술치료(Art Therapy)

- 음악치료(Music Therapy) / • 학교심리학(School Psychology)

- 지역사회 심리학(Community Psychology)

심리학과 졸업 후
진로 탐색

심리학 관련 직업

범죄 프로파일러

　최근 텔레비전과 매체에서 범죄 심리 관련 전문가의 활약이 두드러진다. 사회에서 일어나는 각종 범죄에 대해서 다루는 SBS 〈그것이 알고 싶다〉나 가상의 범죄 현장에서 범인을 잡는 tvN의 〈시그널〉과 같은 프로그램에서 전문 프로파일러가 범죄를 분석하고 범인을 잡는 과정이 나온다. 논리적, 과학적으로 범인을 찾는 과정은 사람들의 눈과 귀를 사로잡기에 충분하다. 이러한 영향으로 몇해 전부터 청소년들의 희망 진로에 프로파일러가 등장하기 시작했다. 프로파일러는 궁극적으로 범인을 잡는 것을 목표로 한다. 사건 경위, 사건 대상자의 상태 등을 파악하고 사건 의뢰자와 협의하고 현장의 정보, 사건과 관련된 사람들의 심리 등을 쫓아 범인에 대한 단서를 찾아낸다.

　우리 주변에서 흔히 볼 수 없지만 매력적인 직업 프로파일러는 어떻게 하면 될 수 있을까? 프로파일러가 되기 위해서는 우선 대학에서 심리학이나 범죄심리학을 전공해야 한다. 학부 과정에서 기초심리학에 대한 과목들을 공부하고 그다음 범죄심리학과가 개설된 대학원에 진학해야 한다. 대학원에서 범죄심리학과 관련된 이론과 형법에 대한 전반적인 지식을 배운 다음 실제적인 현장 실습을 하게 된다. 대학원 과정을 공부하면서 한국심리학회 산하 한국범죄심리학회에 가입하여 학회에서 제공하는 범죄심리사 수련 과정을 거치게 되면 범죄심리사 2급, 범죄 심리 전문가와 같은 자격증을 취득할 수 있다. 또는, 석사 학위 취득 후 박사 과정에 진학하여 범죄심리학자가 될 수도 있다. 이러한 자격을 취득하게 되면 경찰청, 청소년 교정 기관에서 일할 수 있으며, 경찰을 교육하거나 청소년을 선도하는 강의를 하기도 한다.

상품 기획 전문가(마케팅 전문가)

우리나라의 대표 스포츠 스타, 김연아가 광고한 에어컨을 기억하는가? 기존의 직사각형 형태의 에어컨 송풍구가 동그랗게 바뀌고 바람의 종류에 따라 사용자가 송풍구까지 선택하는 획기적인 상품이었다. 그리고 이 새로운 상품은 '김연아'라는 광고 모델을 만나면서 날개 돋친 듯이 팔려 나갔다. 김연아의 맑고 깨끗한 이미지를 시원하고 깨끗한 바람과 함께 제시함으로써 김연아가 가진 좋은 이미지를 에어컨에 옮겨 오는데 성공했던 것이다.

누가 이런 생각을 했을까? 우리가 흔히 마케팅이라고 하는 분야의 전문가, 바로 상품 기획 전문가이다. 상품 기획 전문가는 소비자의 마

심리학과 졸업 후
진로 탐색

음을 읽고 분석하여 이를 반영한 신상품을
기획하고, 생산하고, 판매하는 전 과정
을 구성한다. 뿐만 아니라 광고 및 홍보
전문가와 광고 전략을 협의하며, 판매를
위한 전략 및 방안을 수립하여 적용하는 업
무도 수행한다. 상품 기획 전문가는 업무 특

성에 따라 상품 기획자, 상품 개발자, 마케팅 전문가 등으로 불리며,
가장 흔하게 쓰이는 용어로는 머천다이저(Merchandiser : MD)가 있
다. 상품 기획 전문가가 되기 위해서는 대학에서 경영학, 통계학, 신문
방송학, 심리학, 사회학 등 사회과학 분야를 전공해야 한다. 마케팅이
나 소비자 행동론, 기획론 등의 지식을 갖춘 대졸 이상의 학력을 요구
하지만 일부 업체에서는 석사 학위 이상의 학력을 요구하기도 한다.
조사 전문 회사나 연구 기관에서 수행하는 조사에 보조원으로 참여
하거나 코딩, 펀칭, 전화 조사원, 출구 조사원 등의 아르바이트를 통
하여 실무 경험을 쌓는 것이 유리하다. 기업의 생산 · 마케팅 부서, 컨
설팅 회사, 광고 회사와 민간 · 공공 기관에서 일할 수 있다.

상담 심리사와 전문 상담 교사

　사람들 사이에 '힐링(Healing)'이라는 말이 유행처럼 사용되고 있
다. 본래의 모양으로 회복되는 것을 뜻하는 힐링의 힘으로 사람들이
자기 자신 그 자체로 살 수 있도록 돕는 일을 하는 사람이 상담 심리

사이다. 이들은 마음의 어려운 일을 겪는 사람이 자기 자신을 이해하고, 스스로 내면의 힘을 통해서 살아갈 수 있도록 한다. 10년 전까지만 해도 상담이라는 말이 생소했는데, 현재는 기업, 학교, 공공 기관 등에 상담 전문가들이 배치되어 사람의 심리적인 건강을 보살피고 있다. 특히, 자라나는 청소년을 위한 상담에 사회적 관심이 높아지고 있으며 대부분의 초·중·고등학교에 상담만을 전문으로 하는 상담 교사가 배치되어 있다. 상담 전문가는 아동, 청소년, 대학생, 부부, 직장인, 노인과 같은 다양한 연령대의 사람의 성격, 적성, 지능, 진로, 정서, 행동에 대한 문제 해결을 위해 1:1로 진행되는 상담을 하거나 각 문제에 맞는 상담 프로그램을 개발하여 제공하기도 한다. 상담 전문가가 되기 위해서는 우선, 대학 학부 과정에서 심리학이나 상담심리학을 전공해야 한다. 대학을 졸업하면 상담 심리 관련 대학원에 진학해서 전문적인 수준의 상담 관련 공부를 해야 한다. 석사 과정을 밟으면서 한국심리학회 산하 상담심리학회의 상담 심리사 수련을 통해 상담 심리사 2급, 상담 심리 전문가를 취득할 수 있다. 또는 교육대학원의 상담심리학과에 진학하여 교육부의 상담 교사 자격증을 취득할 수

도 있다. 학부 졸업만으로는 수련을 위한 요건이 충족되지 않고, 박사 학위까지 취득한 후 활동하는 사람이 많은 편이다. 그리고 무엇보다 사람의 마음을 다루는 만큼 상담자 자

심리학과 졸업 후
진로 탐색

신의 성장이 필수적이기 때문에 교육 기간이 긴 편이다. 상담 심리 분야에서 일하는 상담 전문가에는 청소년 상담원, 청소년 지도사, 상담 교사 등이 있다. 상담 전문가는 각 대학의 학생 상담실, 중학교 및 고등학교의 상담실, 공공 기관의 상담실, 시립·공립 청소년 상담실, 기업 부설 상담소, 교육청, 사설 상담소 등에서 활동할 수 있다.

임상심리사

임상심리사는 사람의 마음을 심리 검사를 통해서 자세히 들여다보고 어떤 상태인지 알아보는 일을 한다. 임상심리사는 심리 평가, 심리 진단을 통해 내담자의 심리에 대한 정확한 이해를 제공한다. 임상심리사가 되기 위해서는 일반적으로 대학 학부 과정에서 심리학을 전공한 다음, 임상심리 관련 대학원에 진학해야 한다. 그리고 전문적인 수준의 임상 관련 공부를 마치고 나면 병원과 심리 치료 기관에서 수련해야 한다. 이때 한국심리학회 산하 임상심리학회의 임상심리사 수련을 통해 임상심리사 2급, 임상심리 전문가를 취득할 수 있으며, 또는 국가에서 실시하는 임상심리사 자격증을 취득해야 한다. 석사 학위를 취득해야 수련을 위한 요건이 충족되고, 박사 학위까지 취득한 후 활동하는 사람이 많은 편이다. 사람의 마음을 진단하므로 긴 수련 기간을 거쳐야 하기 때문에 실제 교육 기간은 상당히 긴 편이다. 자격증 취득 후, 정신과 병원, 심리 상담 기관, 사회 복지 기관 및 재활 센터에서 근무할 수 있으며, 개인 혹은 여러 명이 모여 심리 상담 센터를 개업하거나 운영할 수도 있다. 이외에도 학교, 병원의 재활의학과나 신경과, 심리 건강 관련 연구소 등 다양한 사회 기관에 진출할 수 있다.

심리학과 졸업 후
진로 탐색

심리학의 전망

아직 미지의 세계다

　현대 기술의 발전으로 지금까지 알 수 없었던 마음과 뇌, 그리고 환경과의 관계를 밝히는 연구들이 계속 확장될 것이다. 예를 들어, 뇌를 손상시키지 않고 정상인 뇌의 여러 부위에서 일어나는 일련의 정보 처리 특성을 관찰하는 fMRI 등의 뇌영상기법을 사용하여 뇌에 대한 신경과학적 연구를 할 수 있다. 뇌 부위들이 연결되어 전체적으로 하나의 시스템으로서 작용한다는 관점에 입각한 설명이 최근에서야 일부 이루어지고 있으므로 미래에는 마음과 뇌에 관한 연구에 더 중요한 발견들이 이루어질 것이다.

심리학 관련 취업 시장이 넓다

　병원에 종사하는 사람들, 유치원, 중·고등학교, 대학교 등 교육 기관 종사자들, 기업에 종사하는 사람들, 제약 회사, 광고 기획자, 사회복지사 등의 직종은 모두 심리학과 관련되어 있다. 미래에 인간 심리 지식을 적용한 테크놀로지, 문화적 다양성 등의 분야에서 상당히 많은 심리학자를 채용하리라 본다.

경영과 심리학, 법학과 심리학 등 관련 분야가 다양하다

최근 학계의 흐름은 같은 주제에 대해 보다 다채로운 시각과 설명을 제공할 수 있는 학제 간 연구가 활발해지는 것이다. 기업의 리더는 팀워크와 조직력을 강화하기 위하여 심리학을 경영에 활용하고 있다. 법심리학은 경찰, 법원, 교정 단계에서 활용되는 광의의 심리학적 연구 영역을 포함하고 있다. 인지과학은 인문학, 사회과학, 자연과학, 테크놀로지 모두를 수렴하는 융합과학이다.

실제로 대학생은 단순히 경영학 MBA를 하는 것보다 산업·조직심리를 함으로써 보다 효율적으로 심리학과 비즈니스를 조합할 수 있다. 결론적으로 심리학은 더 많은 다양성의 기회를 제공하는 학문이다.

매스컴의 홍보 효과가 크다

심리 분석을 소재로 하는 심리학 만화인 《닥터 프로스트》를 보고 주인공이 너무 멋있어서 심리학자가 되고 싶다는 청소년이 늘고 있다. 영화 전문 채널 OCN은 이 웹툰을 원작으로 한 드라마를 제작해 방송했다. 〈닥터 프로스트〉는 범인의 마음을 읽는 시

간이 0.2초인 천재 심리학자로 다양한 인간 군상이 지닌 마음의 질병
을 파헤치는 내용을 담았다.

심리학회 알아보기

미국심리학회

미국심리학회(American Psychological Association : APA)는 미국에서 가장 과학적이고 전문적인 심리학 조직이다. 미국심리학회는 심리학적인 지식을 창조하고, 소통하고, 응용하는 일을 하고 있다. 미국심리학회는 연구자, 교육자, 전문가, 학생 등 십만 명이 넘는 회원이 있고 56개 분과로 구성되어 있다. 각 분과는 분과 사무실 및 웹사이트 운영, 컨벤션 활동 등을 개최하고 있다. 56개 분과는 다음과 같다.

미국심리학회 웹사이트 : http://www.apa.org

1 일반심리학(Society for General Psychology)

2 교수심리학(Society for the Teaching of Psychology)

3 실험심리 및 인지 과학(Society for Experimental Psychology and Cognitive Science)

심리학회
알아보기

5 평가 및 측정(Quantitative and Qualitative Methods)

6 행동신경과학 및 비교심리학(Society for Behavioral Neuroscience and Comparative Psychology)

7 발달심리학(Developmental Psychology)

8 성격 및 사회심리학(Society for Personality and Social Psychology)

9 사회 문제의 심리학적 연구(Society for the Psychological Study of Social Issues(SPSSI))

10 심미학, 창의성 및 예술심리학(Society for the Psychology of Aesthetics, Creativity and the Arts)

12 임상심리학(Society of Clinical Psychology)

13 컨설팅심리학(Society of Consulting Psychology)

14 산업 및 조직심리학(Society for Industrial and Organizational Psychology)

15 교육심리학(Educational Psychology)

16 학교심리학(School Psychology)

17 상담심리학(Society of Counseling Psychology)

18 공공심리학(Psychologists in Public Service)

19 군대심리학(Society for Military Psychology)

20 성인 발달과 노화(Adult Development and Aging)

21 응용실험 및 공학심리학(Applied Experimental and Engineering Psychology)

22 재활심리학(Rehabilitation Psychology)

23 소비자심리학(Society for Consumer Psychology)

24 이론 및 철학심리학(Society for Theoretical and Philosophical Psychology)

25 행동 분석(Behavior Analysis)

26 심리학 역사(Society for the History of Psychology)

심리학회
알아보기

27 지역사회심리학(Society for Community Research and Action : Division of Community Psychology)

28 약물심리 및 약물남용(Psychopharmacology and Substance Abuse)

29 심리치료(Society for the Advancement of Psychotherapy)

30 최면심리학(Society of Psychological Hypnosis)

31 주(州), 정부 심리학회(State, Provincial and Territorial Psychological Association Affairs)

32 인본주의심리학(Society for Humanistic Psychology)

33 정신지체/자폐 스펙트럼 장애(Intellectual and Developmental Disabilities/Autism Spectrum Disorder)

34 인구 및 환경심리학(Society for Environmental, Population and Conservation Psychology)

35 여성심리학(Society for the Psychology of Women)

36 종교심리학(Society for the Psychology of Religion and Spirituality)

37 아동, 청소년 및 가족 치료(Society for Child and Family Policy and Practice)

38 건강심리학(Society for Health Psychology)

39 정신분석(Society for Psychoanalysis and Psychoanalytic Psychology)

40 임상 신경심리학(Society for Clinical Neuropsychology)

41 법심리학(American Psychology-Law Society)

42 개업심리학자회(Psychologists in Independent Practice)

43 커플 및 가족심리학(Society for Couple and Family Psychology)

44 동성애에 관한 심리학 연구(Society for the Psychology of Sexual Orientation and Gender Diversity)

45 소수 민족에 관한 심리학적 연구(Society for the Psychological

심리학회
알아보기

Study of Culture, Ethnicity and Race)

46 대중매체심리학(Society for Media Psychology and Technology)

47 운동 및 스포츠심리학(Society for Sport, Exercise and Performance Psychology)

48 평화심리학(Society for the Study of Peace, Conflict and Violence : Peace Psychology Division)

49 집단심리학 및 집단 심리치료(Society of Group Psychology and Group Psychotherapy)

50 약물중독(Society of Addiction Psychology)

51 남성심리학(Society for the Psychological Study of Men and Masculinities)

52 국제심리학(International Psychology)

53 임상아동심리학(Society of Clinical Child and Adolescent Psychology)

54 소아심리학(Society of Pediatric Psychology)

55 약물치료(American Society for the Advancement of Pharmaco-therapy)

56 외상심리학(Trauma Psychology)

　제4분과와 11분과는 비어 있다. 4분과는 1948년에 해산이 되었고, 11분과는 1946년에 12분과와 합쳐졌다.

　미국심리학회는 심리학 연차 대회를 개최하고 있다. 해마다 8월에 컨벤션(Convention)이 개최되며 2019년 일리노이주 시카고(Chicago, Illinois), 2020년 워싱턴 D.C.(Washington, D.C.)에 이어 2021년 캘리포니아주 샌디에이고(San Diego, California)에서 개최될 예정이다.

심리학회
알아보기

한국심리학회(Korean Psychological Association : KPA)는 개인의 행복, 개인 간 소통, 집단 간 협력, 사회의 통합을 과학적으로 연구한다. 또한 개인 삶의 질 증진과 성숙한 사회 발전을 위한 실천 방법을 제시해 주는 역할을 하고 있다. 한국심리학회는 1946년에 창립되어 연구자, 교육자, 전문가, 학생 등 1만 명 이상의 회원을 보유하고 있으며 15개 분과로 구성되어 있다. 각 분과는 분과 사무실 및 웹사이트를 운영하고 컨벤션 활동 등을 개최하고 있다.

한국심리학회 웹사이트 : http://koreanpsychology.or.kr

한국심리학회는 매년 다른 주제로 8월에 한국심리학회 연차학술대회를 개최한다.

연차학술대회 고교생 심리학 교실

1. 상담심리학 : 문제를 넘어 행복한 삶을 향해 나아가기
2. 뇌과학 : 뇌를 통해 들여다보는 나와 남의 마음
3. 코칭심리학 : 변화와 성장의 심리학
4. 사회심리학 : 나는 누구? 여긴 어디?
5. 계량심리학 : 마음을 헤아리다
6. 중독 : 마약 중독이란 무엇인가?

연차학술대회에서는 매년 '고교생 심리학 교실'을 개최하고 있으며 심리학에 관심이 있는 모든 학생이 참석할 수 있다.

2019년 8월에도 고등학생을 위한 심리학 강의를 진행하였다. 첫 번째로는 일반적으로 고등학생이 궁금해 하는 상담심리학, 뇌과학, 코칭심리학, 두 번째 시간에는 사회심리학, 계량심리학, 중독에 대한 강의를 진행하였다.

심리학회
알아보기

자격증 소개

한국심리학회에서는 다음과 같은 심리학회 자격증을 소개하고 있다.

- 임상심리전문가
- 상담심리사(1급, 2급)
- 발달심리사(1급, 2급)
- 인사조직심리(전문가, 심리사)
- 범죄심리사(전문가, 1급, 2급)
- 건강심리전문가
- 인지학습심리사(1급, 2급)
- 학교심리사(1급, 2급)
- 중독심리(전문가, 심리사)
- 코칭심리사(1급, 2급)
- 일반심리사

임상심리전문가 포함 11개 자격은 자격기본법 규정에 따라 등록한 민간 자격으로, 국가로부터 인정받은 공인 자격이 아닙니다. 하지만, 심리학 관련 모든 영역에서 공신력 있는 자격증으로 인정받고 있습니다.

고등학생,
심리학자가 되다

심리학 여행 참가자 소개

아동학과, 아동심리학과, 유아교육과, 경찰행정학과, 심리학과 등에 진학하려는 학생들이 늘어나면서 심리학에 대한 관심도 날로 증가하고 있다. 미국도 다르지 않아 이미 매년 5천여 개의 고등학교에서 심리학이 선택 교과목으로 제공되고 있다. 하지만 여전히 우리나라에서는 몇몇 고등학교에서만 심리학을 선택 교과목으로 채택하는 실정이다. 최근 우리나라에서도 여름방학이나 겨울방학 동안 진로 집중 이수 제도 등을 실시하여 심리학과에 지망하려는 고등학생에게 심리학 수업을 제공하고 있다.

이어질 고등학생들과의 심리학 여행은 열세 명의 고등학생들에게 직접 심리학을 가르친 내용을 담았다. 이들은 심리학 수업 전에는 심리학에 대한 정보가 거의 없는 상태였다.

여행 참가자 1
학년 : 고등학교 1학년
장래 희망 : 교사
심리학을 공부하고 싶은 이유
심리학을 통해 많은 친구들과 소통하고
마음을 이해하는 법을 배우고 싶다.

여행 참가자 2
학년 : 고등학교 1학년
장래 희망 : 작가
심리학을 공부하고 싶은 이유
심리학이 내가 쓰는 글에 도움이 될 것
이라고 생각한다.

여행 참가자 3
학년 : 고등학교 1학년
심리학을 공부하고 싶은 이유
대학에서 심리학을 전공하고 싶어서 미
리 심리학에 대해 알고 싶다.

여행 참가자 4
학년 : 고등학교 2학년
심리학을 공부하고 싶은 이유
나에 대한 이해와 변화를 위해서 심리
학을 공부하고 싶다.

여행 참가자 5
학년 : 고등학교 1학년
장래 희망 : 사회복지사
심리학을 공부하고 싶은 이유
할아버지, 할머니의 심리를 아는 것이
내 희망 직업에 도움이 될 것 같다.

여행 참가자 6
학년 : 고등학교 1학년
장래 희망 : 광고기획자
심리학을 공부하고 싶은 이유
광고가 결국 사람들의 눈길을 끌고 마
음을 변화시키는 것이기 때문에 심리학
이 도움이 될 것이라고 생각한다.

여행 참가자 7
학년 : 고등학교 2학년
심리학을 공부하고 싶은 이유
범죄심리학에 관심이 많다. 그전에 기
초적인 심리학에 대해서 먼저 알아보고
싶다.

여행 참가자 8
학년 : 고등학교 2학년
심리학을 공부하고 싶은 이유
드라마나 소설 속 사람의 심리가 궁금
해서 공부하고 싶은 마음이 생겼다.

여행 참가자 9
학년 : 고등학교 2학년
심리학을 공부하고 싶은 이유
다른 사람과의 갈등을 잘 해결하기 위
해서 사람의 마음을 잘 알고 싶다.

여행 참가자 10
학년 : 고등학교 1학년
장래 희망 : 검사
심리학을 공부하고 싶은 이유
다른 사람의 심리를 알게 되는 것이 훌
륭한 검사가 되는데 도움이 될 것이라
고 생각한다.

여행 참가자 11
학년 : 고등학교 2학년
장래 희망 : 환경심리학자
심리학을 공부하고 싶은 이유
환경심리학자가 되기 위해서 심리학을
알고 싶다.

여행 참가자 12
학년 : 고등학교 2학년
장래 희망 : 여행 가이드
심리학을 공부하고 싶은 이유
심리학을 공부하면 살아가는 데 도움이
될 거라고 생각한다.

여행 참가자 13
학년 : 고등학교 2학년
심리학을 공부하고 싶은 이유
좋아하는 사람의 마음을 알고 싶다.

내가 생각하는 심리학

여행 참가자 1
사람이 어떤 생각과 의도로 행동하는지에 대해 연구하는 것이다.

여행 참가자 2
사람의 생각이나 마음을 아는 것이다.

여행 참가자 3
사람의 심리에 대해 연구하고 공부하는 것이다.

여행 참가자 4
사람의 상처를 치유해 주는 것이다.

여행 참가자 5
사람의 마음을 읽어 내는 것이다.

여행 참가자 6
사람의 마음과 영혼을 다스리는 것이다.

여행 참가자 7
자신과 타인의 심리를 논리적이고 체계적으로 탐구하고 파악하는 학문이다.

여행 참가자 8
상대방의 심리를 완벽하게 읽어 상대방을 파악하는 것이다.

여행 참가자 9
상대방의 마음을 알고 헤아리는 것이다.

여행 참가자 10
내가 어떤 식으로 생각하고 행동하는지 아는 것이다.

여행 참가자 11
사람의 마음을 기초로 하여 연구하는 학문이며 연구 결과를 응용하여 실생활에 적용할 수 있는 학문이다.

여행 참가자 12
사람의 행동을 통해 생각을 읽어 내고 알아내는 학문이다.

여행 참가자 13
사람의 마음을 주제로 연구하고 탐구하는 학문이다.

여러분은 '심리학'이 무엇이라고 생각하나요? 자신의 생각을 간단히 써 봅시다.

여행 참가자들에게 마음이 어디 있다고 생각하는지 질문하자, 눈, 눈꺼풀, 입, 심장, 가슴 중앙, 머리 등에 있다고 대답했다.

▲ 마음은 '눈'에 있다.

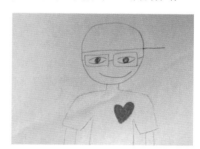

▲ 마음은 '왼쪽 가슴'에 있다.

▲ 마음은 '눈꺼풀'에 있다.

▲ 마음은 '머리'에 있다.

▲ 마음은 '입'에 있다.

▲ 마음은 '가슴 중앙'에 있다.

▲ 마음은 '심장'에 있다.

이 활동을 통해 심리학의 핵심은 과학적인 접근이라는 것을 알 수 있다. 사람은 자신의 마음에 대해 알고 싶어 한다. 아침에는 기분이 좋았는데 학교에 오면 왜 기분이 나쁜가? 친구의 마음이 오늘은 왜 달라졌는가? 고교 심리학 수업에서 가장 먼저 했던 질문이 '여러분의 마음은 어디에 있는가?'이다. 내 마음이 어디에 있는지 생각하면서 심리학에 입문하는 것이다. 아무리 찾아도 마음이 눈이나 코 혹은 심장에 없다는 것을 금방 알아차린다. 학생들은 '그렇다면 우리의 마음을 어디에서 어떻게 찾는가?'라는 두 번째 질문을 자연스럽게 생각하게 된다.

여행 참가자 1
내가 하는 행동에 대해 알게 되고 나에 대한 관심을 더 많이 갖게 될 것이다.

여행 참가자 2
나의 마음을 알면 내가 앞으로 무엇을 하고 싶은지 찾을 수 있고, 상대방의 마음을 이해하여 친구들과의 대화를 잘 이어 나갈 수 있을 것이다.

여행 참가자 3
보다 더 깊고 전문적인 내용을 알게 되는 만큼 혼자서 알아낼 수 있는 정보의 수준을 뛰어넘는 지식을 습득하여 나의 꿈의 길로 가는 다리의 일부가 될 수 있을 것이다.

여행 참가자 4
평소 나는 나 자신을 너무 모른다는 생각이 들었는데 심리학을 공부하게 된다면 나를 더 정확하고 객관적으로 알고 타인의 심리도 알게 될 것이다. 그리고 진로와 관련하여 내 꿈에 대한 확신을 가지게 될 것이다.

여행 참가자 5
심리학에 대해 더 자세하게 알게 되고 심리학이 내가 진정으로 원하는 꿈인지 정확하게 알 수 있을 것이다.

여행 참가자 6
사람들의 행동으로 파악할 수 있는 다양한 심리를 알게 되고 내 꿈에 한 걸음 더 나아가게 될 것이다.

여행 참가자 7
심리학을 통해 나를 볼 수 있는 눈을 틔워 정체성을 찾고 객관적인 나를 알아갈 수 있게 될 것이다.

여행 참가자 8
나는 평소에 생각이 많아서 마음이 복잡한데 심리학을 공부하게 된다면 복잡한 마음의 문제가 해결될 수 있고 아직은 갈팡질팡하는 진로 문제에도 도움이 될 것이다.

여행 참가자 9
진로에 관한 유익한 정보를 알게 될 것을 기대한다. 두루뭉술하게 알고 있었던 심리학에 대해 좀 더 뚜렷하게 알게 되고, 특히 인간의 심리가 어떤 경로로 변하는가에 대해 알게 될 것으로 본다.

여행 참가자 10
학습뿐만 아니라 자아가 불확실한 청소년기를 겪고 있는 내가 나를 제대로 알고 한층 더 성장할 수 있는 기회가 될 것이다.

여행 참가자 11
나는 가끔 바람처럼 날아다니고 싶은 마음이 든다. 그게 공부에 무척 방해가 된다. 왜 그런지 알고 싶고, 알게 된다면 집중이 잘 될 것 같다.

여행 참가자 12
너무 계획이 없이 사는 것 때문에 주변 사람들과 마찰이 생긴다. 심리학 강의가 도움이 되지 않을까 생각한다.

여행 참가자 13
나는 말이 별로 없다. 가만히 생각하는 시간이 더 많다. 심리학 강의를 통해서 친구들 사귀는 기술을 배우고 싶다.

여러분은 심리학을 공부하면 어느 부분에 도움이 된다고 생각하나요? 자신의 생각을 간단히 써 봅시다.

내가 공부하고 싶은
심리학 분야

청소년과 중독심리학

『심리학 입문』에서 "우리는 당장의 즐거움에 강하게 끌리고 장차 치러야 할 대가에 대해 생각하지 않는 경향이 있다."는 내용이 나온다.

최근 인터넷 게임, 인터넷 도박 등 청소년 온라인 중독 문제가 심각하다. 청소년은 언제 어디서든 온라인과 연결되어 있고 온라인으로 쇼핑하고, 검색을 하며, 친구를 만난다. 학교에서는 쉬는 시간마다 '불법 스포츠 토토'를 즐기는 학생이 늘어나고 있으며 이를 목격하는 주변 학생도 늘어나고 있다.

뿐만 아니라 여학생은 아름다움에 대한 관심이 날로 증가하고 있고 외모에 대한 콤플렉스로 성형에 대한 관심이 폭발적이다. 한 방송에서 청소년의 3대 고민 중 하나인 청소년 외모 콤플렉스가 방영되었는데, 성형 수술에 끊임없는 관심을

보이는 여고생이 소개되었다. 최근에는 많은 여학생이 과체중을 몹시 두려워하고 있고 체중과 체형에 대해 왜곡된 시각을 가지고 있어 자신에 대한 평가에도 부정적인 영향을 주고 있다. 실제로, 약간 과체중이거나 정상 체중인 여학생의 다이어트는 신경성 식욕부진증으로 발전하게 되기도 하며 현재 미국, 유럽, 그리고 일본에서도 증가하는 추세이다.

청소년들의 도박 행동이나 성형에 대한 관심은 거기에 사용되는 시간이나 돈의 양보다 그 행동의 부정적인 중독성에 초점을 맞춰야 한다. 이러한 행동은 결국 본인을 불쾌하고 고통스럽게 만들고, 건설적인 방향으로 일상생활을 유지하기 어렵게 할 수 있다. 따라서 중독심리학자는 비정상적인 심리적 기능의 양상을 찾아내고 평가하는 활동을 통하여 청소년이 이 시기를 건강하게 보낼 수 있도록 하기 위한 예방적 개입을 하고 있다. 중독심리학자는 학생의 도박 행동이나 성형과 관련된 지나친 관심 등은 주변인에게도 영향을 미칠 수 있다고 보고, 학교에서 할 수 있는 예방 프로그램을 개발하고 있다. 예방 프로그램은 학생이 또래의 압력으로부터 저항하는 것을 교육시키고 현재 중독행동뿐만 아니라 미래의 위험성에 관하여 일관된 메시지를 전달하고 있다.

향정신성 약물이 얼마나 매력적인가? 보아스와 와이즈(Bozarth & Wise)는 코카인 중독에 관한 실험을 실시하였다. 쥐들이 레버를 누르면 스스로 정맥에 코카인을 주사할 수 있는데, 30일의 연구 기간 동안 쥐들의 코카인 사용은 계속 증가했다. 그 결과 쥐들은 체중 감소뿐만 아니라 먹이도 먹지 않았으며 연구가 끝날 무렵 모두 죽었다.

현대 서구 사회에서 카페인, 알코올, 담배 등과 같은 향락성 약물 사용은 중독이라는 관점에서 보지 않는다. 하지만, 이러한 종류의 중독성 약물은 갑자기 중단할 때 통증, 경련, 환각 혹은 불쾌함 등과 같은 금단 증상이 발생하며 이는 복용을 더 증가시킨다. 어떤 학생은 시험 기간 중에 종종 커피를 마시는데 마시지 않을 경우 '카페인 두통'을 호소한다. 시간이 지날수록 중독성 약물은 정서적 욕구가 생기도록 만드는데, 예를 들어 매일 사용하는 휴대 전화를 옆에 두지 않으면 불안한 것과 비슷하다.

청소년이 온라인 게임, 온라인 도박 등과 같은 부정적인 중독이 아닌 축구, 농구, 배구, 수영 등과 같은 긍정적인 중독에 빠지는 것은 어떤가? 그러나 쉬는 시간에 축구나 야구를 하고 있는 자녀를 둔 부모는 남들은 모두 공부를 하고 있는데 중요한 시간에 운동을 하고 있다고 생각할 수 있다. 그렇지만 쉬는 시간에 운동을 통하여 에너지를 충전시키고 긍정적인 기분을 경험하므로 그들의 중독 행동을 '이상'으로 보기는 어렵다.

청소년과 범죄 프로파일러

최근 청소년 사이에 범죄심리학에 대한 관심과 함께 그와 관련된 직

고등학생,
심리학자가 되다

업인 범죄 프로파일러에 대한 문의가 증가하고 있다. 특히 경찰학과, 경찰행정학과의 진학을 염두에 둔 학생은 심리학에 대한 전문 지식을 사전에 준비하고 싶어 한다. 범죄 프로파일러란 증거 자료를 통해서 얻은 감각으로 범죄자의 범죄 행동 등을 헤아리는 사람을 말한다. 범죄와 관련된 범행 동기를 찾기 위하여 증인의 진술, 용의자의 자백, 생존한 피해자의 진술, 물리적 증거를 분석하여 범죄 사건에 대한 전반적 이해를 얻기 위해 범죄를 재구성하는 과정을 거친다. 이러한 프로파일링 과정은 범죄학, 심리학, 정신병리학, 법심리학을 포함하고 있으므로 다른 전문가의 도움을 얻어야 하며 각 분야의 전문적인 지식을 두루 갖추어야 한다. 프로파일러는 사건을 위임받으면 그전까지 진행된 수사관과 법의학자가 내놓은 결과를 한쪽으로 두고 새롭게 재평가하는 작업을 진행한다.

프로파일러의 분석 자료

성공적인 프로파일러가 되기 위해서는 법의학자로서 훈련을 받아야 한다. 뿐만 아니라 범죄학, 심리학, 병리학 등에 관한 지식을 두루 갖추고 각 분야의 전문가들과 함께 일한다. 프로파일러가 다루어야 할 분석 자료는 다음과 같다.

첫째, 사건을 종합적으로 검토하기 위해 비디오를 분석한다.

둘째, 특정한 장면을 세밀하게 보기 위해 사진을 분석한다.

셋째, 수사관이 중요하게 생각하는 것을 강조하는 범죄 현장 스케치를 분석한다.

넷째, 수사관의 보고서를 통해 누가 어떤 자료를 어떻게 수집했는지 검토하고, 그 보고서에 기록된 내용이 증인, 피해자, 범인에 관한 자료와 일치하는지 확인한다.

다섯째, 일기를 쓰듯이 수사 일지를 작성한다. 범죄 현장에서 수집된 자료를 일지처럼 작성하여 기록으로 남긴다. 문서화된 기록을 비디오, 사진, 스케치 내용과 비교하면서 상실된 자료나 더 자세하게 확인되어야 할 자료가 어떤 것인지 검토한다.

여섯째, 수사관이 필요한 자료를 얻기 위하여 법의학자에게 검사를 부탁한다. 법의학자는 사체 해부, 혈흔 검사, 지문 등의 법의학적 분석 결과에 대해 보고하며 법의학자에게 의뢰된 자료와 검사의 적합성을 검토한다.

일곱 번째, 사인을 규명하기 위하여 실시된 검시에 의해 작성된 서류를 보면서 작성된 보고서에 사진 등 포함되지 않거나 설명되지 않은 자료가 있는지 검토한다.

여덟 번째, 성폭력의 경우, 사회·문화적인 조건 때문에 간과되거나 무시되기 쉬운 증거들이 있을 수 있으므로 성폭력의 원본, 즉 현장의 증거를 면밀히 검토해야 한다.

아홉 번째, 피해자와 증인에 관한 서류와 녹음 테이프를 분석해야 한다.

프로파일러는 이상과 같은 여러 가지 물리적인 증거를 분석하고 해석하면서 '범인은 누구다.'라는 결론을 제공한다.

프로파일러의 주의점

프로파일링은 심리학적이고 사회적인 지식과 개인의 역량으로 사건을 분석하는 비과학적 분야이다. 비과학적인 프로파일링에 나타나는 단점이 있는데 그중 하나가 육감과 직관력에 대한 의존이다. 따라서 범죄심리학과 인지심리학의 다양한 분야 연구자들은 프로파일링 과정에서 발생될 수 있는 오류를 최소화하려고 노력한다.

우리는 우리의 기대, 가정, 사전 지식, 혹은 경험 등으로 인해 서로 관련이 있는 것을 원인과 결과의 관계인 것처럼 착각하는 경우가 많다. 예를 들어 광고와 매출액은 상관이 있지만 광고를 많이 한다고 해서 매출이 많이 오르는 결과를 가져오지는 않는다. 여자이기 때문에, 어느 지역에 살고 있기 때문에, 가난하기 때문에, 가족이기 때문에 등과 같은 정보를 마치 그것이 원인이 되어 예상한 결과가 실제로 일어날 것처럼 기대한다. 이런 일이 반복되면 수많은 편견이 만들어진다. 행동과 현상 사이에는 무엇인가를 판단하기에 너무나도 복잡하고 다양한 관계가 존재한다. 따라서 프로파일러가 무엇이 원인이고 무엇이 결과인지 판단하는 것은 쉬운 일이 아니므로 자신의 편견을 항상 염두에 두어야 한다.

청소년과 건강심리학

자신의 건강을 점검해 보자. 스트레스, 운동 부족, 수면 부족에 시달리는 청소년은 질병을 치료하는 것도 중요하지만 예방하는 것도 중요하다. 아침에 일어나 학교에 가고 학교가 끝나면 학원으로 간다. 학원이 끝나서 집에 오면 다시 내일 수업 준비를 해야 한다. 청소년은 과도한 학업 스트레스에 시달릴 뿐만 아니라 그 스트레스를 풀 수 있는 시간도 없다. 특히 대입 시험을 목전에 두고 있는 청소년은 '수능 날짜가 다가와서 더 불안하고 시험 불안을 줄이고 싶다.', '공부에 집중하고 싶은데 자꾸 다른 생각이 나고 집중이 잘 안된다.'라고 호소하고 있다.

이러한 청소년에게는 무엇이 필요한가? 최근 건강심리학자는 뇌와 신체의 상호 관계를 강조하면서 청소년의 정신 건강을 위하여 마음챙김 명상(Mindfulness Meditation)을 소개하고 있다. 주의를 자신의 내부로 향하게 하는 명상은 마음을 편안하게 하고 학업에 집중하게 만든다. 구체적으로 '어떻게' 하는 것이 마음챙김인가? 마음챙김은 매우 독특한 마음의 작용이다. 마음챙김을 하기 위해서는 현재 경험하는 것에 주의를 집중할 수 있어야 한다. 마음챙김의 주의 집중은 일반적인 주의 집중과는 다르다. 마음챙김 명상은 청소년의 마음 속에 일어나는 생각이나 감정에 주의를 기울이되, 그러한 생각과 감정에 자신이 그동안 주로 해 왔던 행동인 '가치 판단' 행동을 하지 않음으로써 '있는 그대로'의 자기 자신을 바라보게 되어 부정적인 반응을 덜 하게 된다.

현존하는 인물 중 영적으로 가장 영향력이 있는 100인 중 한 명으로 선정된 존 카밧진(Jon Kabat-Zinn, 1944~)은 청소년에게 한 번도 온전한 존재가 아닌 적이 없었다고 위로한다. 또한 성냄, 탐욕, 망상 등의 함정에 빠지는 방식이 아닌 '다른 방식으로 주의를 기울이기 - 마음챙김'을 하여 스트레스를 완화하도록 권유하고 있다.

최근에는 청소년의 우울이나 불안과 같은 정서 표현의 중요성도 부각되고 있다. 스트레스 사건에 대한 자신의 생각과 감정을 표현하면 자신의 정서 및 욕구를 더 잘 인식하게 되어 우울과 불안이 감소되고 학습에도 도움이 된다는 것이다.

청소년에게 도움 되는 '마음챙김 훈련'

마음챙김 훈련은 자신의 생각이나 외부 상황에 얽매이지 않고 현재에 집중할 수 있는 훈련을 뜻한다. 최근 이러한 마음챙김 훈련이 청소년의 스트레스를 감소해 주고, 학업 성취도를 높이는 데 도움이 된다는 연구 결과가 나와 화제다. MIT 맥거번 뇌과학연구팀은 마음챙김 훈련의 영향과 효과가 무엇인지 알기 위해 두 가지 실험을 진행했다.

첫 번째 실험은 만 12~13세 학생 100명이 대상이었다. 학생 중 과반수는 8주 동안 날마다 마음챙김 훈련을 받았다. 나머지 학생들은 마음챙김 훈련 대신 코딩 수업을 들었다. 이 실험에서 마음챙김 훈련 내용은 지나간 일이나 아직 일어나지 않은 일에 대한 생각보다는 현재에 집중할 수 있는 내용이 대부분이었다. 학생이 느끼는 기분과 상황에 대해 각자 생각하고 말하는 형식으로 실험은 이루어졌다. 실험 결과, 마음챙김 훈련을 받은 학생들은 코딩 수업을 들은 학생보다 분노나 좌절 같은 부정적인 감정은 줄어들고 스트레스도 적게 받은 것으로 드러났다.

두 번째 실험에서는 만 12~15세 학생 총 2천여 명을 대상으로 설문 조사를 했다. 이 학생들은 마음챙김 훈련을 하지는 않았지만, 평상시 마음 상태를 확인할 수 있는 '마음 인식 척도 검사'를 바탕으로 설문 조사를 진행했다. '자신을 돌아보지 않고 일을 서두르는 경향이 있다.'와 같은

고등학생,
심리학자가 되다

내용이 이 설문 조사에 포함되었다. 실험 결과, 평상시 마음챙김을 한 학생은 하지 않은 학생보다 시험 성적이 월등한 것으로 드러났다.

이 실험을 주도한 존 가브리엘리(John Gabrieli) 박사는 "마음을 훈련하는 것은 몸을 단련하기 위해 운동을 하는 것과 비슷하다. 그렇기 때문에 스스로를 객관적으로 바라보고 현재의 순간에 집중하는 마음챙김 훈련을 지속적으로 유지하는 것이 매우 중요하다."고 밝혔다.

청소년과 임상심리학

　임상심리사가 되려면 대학이나 대학원
에서 심리학을 전공한 졸업 예정자가 임
상심리와 관련하여 1년 이상 실습 수련 또
는 2년 이상 실무에 종사하여야 한다. 병
원이나 상담 센터에서는 실습 수련 감독
자의 지도하에 임상심리와 관련된 실습

즉, 심리 상담, 심리 검사, 심리 평가, 심리 치료 등을 실습한다. 임상
심리사가 해야 할 주요 업무는 심리 평가, 심리 검사, 심리 치료 상담,
심리 재활, 심리 교육 등이다.

　임상심리학자 마쉬와 울프(Malsh & Wolf)는 청소년의 20%가 10대
를 지나는 동안 최소한 한 가지의 우울삽화(우울한 기간)를 경험한다고
하였다. 힘들고 불안하고 혼란스러운 시기인 청소년기는 환경의 영향
을 가장 많이 받는 시기이다. 또한 이 시기는 신체적인 변화와 호르몬
의 변화가 극심한 시기로써 기분 변화가 잦고 대인 관계도 복잡하다.
청소년은 사춘기 시기 내내 몸과 마음의 변화가 함께 나타난다. 따라
서 이 시기의 청소년은 나는 누구인지, 나는 무엇을 할 수 있는지, 나
는 지금 어디로 가고 있는지 등과 같은 정체감 혼란의 시기를 경험하
게 된다. 이렇게 복잡한 마음의 문제를 해결하고 싶지만 어디서부터
어떻게 해결해야 할지 몰라 마음이 힘들고 자살 충동을 느끼는 경우
도 있다.

개인마다 우울한 마음이 드는 시기는 다르며 대처 방법도 다르다. 청소년들의 분노와 공격적인 행동의 심각성은 기존의 적대적 반항 장애, 품행 장애 등과 함께 DSM-5에 파괴적 기분 조절 장애를 추가한 것으로도 알 수 있다. 대부분의 청소년은 가끔씩 부모에게 반항하거나 학교 규칙을 어기지만 적대적 반항 장애는 반복적으로 성인과 논쟁하고 다른 사람들을 고의적으로 무시하며 화를 많이 낸다. 품행 장애는 의도적으로 타인의 기물을 파괴하거나 학교를 결석하는 등 공격적인 모습을 보인다. 2013년 미국심리학회에서 추가된 DSM-5의 아동·청소년의 파괴적인 기분 조절 장애 체크리스트는 다음과 같이 묻고 있다.

"여러분은 상황에 매우 부적절하게 심각하고 반복적으로 언어나 행동으로 감정이 폭발하는가?"

임상심리학자는 청소년의 우울과 파괴적이고 공격적인 행동에 대하여, 청소년은 자신의 삶을 통제하기 어렵기 때문에 가족의 태도와 반응이 특히 중요한 역할을 하는 것으로 간주하고 있다. 십대 청소년은 예측할 수 없는 행동을 하지만 이것은 일반적인 양상이므로 훈계보다는 활동을 통해 경험을 공유하고 자녀를 가능성 있는 존재로 신뢰하고 인정해 주는 태도를 가지는 것이 중요하다.

최근에는 품행 장애 치료를 위하여 가족의 태도 및 반응의 중요성을 감안한 전문가들이 부모 자녀 상호 작용 개입을 하고 있다. 즉, 부모에게는 아동과 긍정적 상호 작용, 일관된 행동, 공정한 훈육, 자녀에 대한 적절한 기대를 가지도록 교육하고 아동·청소년에게는 사회적 기술을 가르친다.

청소년과 성격심리학

친구들은 나를 캥거루라고 부른다. 나는 엄마에게 과도하게 매달린다. 초등학교 1학년 때 다른 애들은 혼자서도 잘 놀고 있는데 나는 늘 쉬는 시간마다 엄마에게 전화했다. 나는 엄마가 하는 말에 순종적이고 엄마와 떨어지는 것이 두렵다. 사소한 결정도 엄마에게 의존한다.

아침에 비가 오면 우산을 들고 가야 할지 말아야 할지 엄마에게 물을 정도로 의사결정을 부모에게 의존하는 학생이 늘고 있다. 지나치게 의존적인 사람은 자신의 능력과 판단에 대한 확신의 결여로 인하여 다른 친구들의 의견에 반대하지 않고 심지어 자신에게 중요한 결정도 친구나 부모가 하도록 한다. 이러한 행동의 이유는 친구나 부모로부터 거부를 당할까 봐 두렵고, 사랑받고 인정받는 것에 지나치게 민감하여 다른 사람의 기대나 바람에 항상 맞추려는 것이다. 의존적인 사람은 분리에 대한 두려움으로 인하여 친구들과 친밀한 관계에 문제가 생기면 완벽한 무력감을 느끼게 되고 그 허전함을 메우기 위하여 다른 친구를 곧바로 찾아 나서기도 한다. 프로이트 학파의 이론가인 본스타인(Bonstine)은 구강기에 해결되지 않은 갈등이 돌봄에 대한 욕구를 일으키게 만든 것으로 보았고, 스페리(Sperry)는 부모들의 지나친 보호가 자녀의 의존성을 증가시킨 것이라고 하였다. 치료자는 의존적인 사람이 자신에 대한 책임을 스스로 감당하도록 돕는다. 몇몇 치료자는 부모의 지배적인 행동이 자녀의 증상을 키우고 있기 때문에 가족 치료를 권하기도 한다. 인지행동 치료자들은 내담자가 자신이 무능하다는 생각에 도전하도록 하여 스스로 자신의 삶을 통제하도록 돕는다.

친구들은 내가 너무 완벽주의자라 가까이 하기 불편하다고 한다. 나는 너무 완벽하여 친구들은 내가 융통성이 부족하다고 한다. 나는 깔끔한 성격이라 내 필통과 서랍은 항상 제자리에 정리한다. 나는 규칙에 어긋나는 일은 절대 하지 않는다. 나는 약속을 지키지 않는 친구는 두 번 다시 만나고 싶지 않다. 왜냐하면 나는 내 실수도 용납할 수 없지만 다른 사람들이 실수하는 것도 묵인할 수 없기 때문이다. 그래서인지 나는 주변에 친구가 없다.

사무엘과 비디거(Samuel & Vidiger)는 완벽주의자는 비합리적으로 높은 기준을 자신과 타인에게 부여한다고 하였다. 완벽을 너무 추구하는 사람은 다른 사람은 능력이 부족하여 일을 제대로 하지 못한다고 확신하면서 팀워킹을 거절한다. 이들은 학교에서 과제가 주어지면 지나치게 세부적인 것에 몰두하느라 요점 파악이 어려워 과제 수행이 자신이 계획한 것보다 늦어지기도 한다. 프로이트 학파의 이론가인 밀런(Millen)은 부모가 배변 훈련을 너무 심하게 시키면 아동이 항문기에 고착되어 나중에 강박적인 기능을 하기 쉽다고 하였으며, 인지이론가인 바이스하르와 벡(Bishar & Beck)은 '나는 실수해서는 안 돼.'와 같은 비합리적인 사고 과정이 완벽주의로 이어진다고 보았다. 정신역동 치료자들은 완벽주의의 기저에 깔린 감정과 불안함을 인정하고 경험하게 하여 자신의 한계를 받아들이도록 돕는다. 인지치료자들은 비합리적인 사고와 완벽주의를 변화시키도록 돕는데 초점을 둔다.

충분한 애착과 과잉 보호 : 엄마와 아기 캥거루
엄마와 아기의 유대감과 신체적 접촉을 높이는 방법으로 캥거루 케어(Kangaroo Mother Care)가 있다. 캥거루 케어란, 미숙아를 부모의 가슴에 안고 피부를 맞대고 체온을 느끼는 것이며, 콜롬비아 보고타에서 인큐베이터 등의 의료 설비와 인력 부족에 대처하기 위한 방법으로 시작한 것이 시초이다.
캥거루 케어가 산모와 신생아가 밀착하면 심리 상태에 도움을 줄 수 있다고 알려지면서 미숙아는 물론 정상아를 낳은 산모에게도 인기를 얻고 있다. 반면, 아이와 충분한 애착을 가지는 것도 중요하지만 과잉 보호는 사랑하는 자녀의 성장에 방해가 될 수도 있다.

다른 사람과 관계를 맺는 것은 인간의 기본적인 욕구 중 하나이다. 공통의 목표를 가지고 서로 영향을 주고받는 학급의 구성원은 다른 사회 집단과는 매우 다른 특징을 갖는다. 학급 안에서는 사회적 선택 과정이 일어나서 또래들은 무리를 형성하고 친구 관계를 만들어 나간다. 무리를 이룬 구성원은 행동뿐 아니라 태도까지 비슷하게 공유한다. 비슷한 역할을 하는 학생들은 같은 또래 무리를 따르게 되고 행동 수준도 비슷하다.

발도프와 구센(Waldof & Goossen)은 학교 폭력의 경우, 서로 비슷한 학생들이 동종 집단을 형성하여 가해 행동을 지지하는 역할을 한 이유는 그 집단에 수용되기를 원하는 필요성 때문이라고 하였다. 어떤 학생은 가해자에게 수용되기를 바라는 욕구와 자신의 사회적 지위의 향상에 대한 소망 때문에 가해자를 지지하기도 한다. 또한 짓궂은 장난, 별명 부르기 또는 사회적인 배척 등의 행동을 하는 학생들은 시간이 지날수록 서로서로 비슷한 행동이 증가한다. 따라서 집단 내의 행동은 서로 다른 역할을 하는 구성원이나 구성원들 간에 부여된 역할 간의 관계에서 일어나는 것이다. 그러므로 학급에서 일어나는 학교 폭력은 집단 내 사회적 맥락에서 살펴봐야 한다.

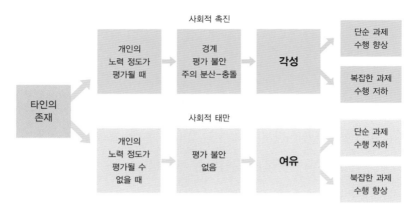

	사회적 촉진				단순 과제 수행 향상

▲ 사회적 촉진과 사회적 태만

　집단 내에서 다른 사람의 존재는 사회적 태만을 불러일으킨다. 다른 사람과 함께 있다는 말은 어떤 집단 안에 있는 것을 의미하고 집단 안에서 혼자 있을 때보다 주목을 덜 받게 된다면 긴장이 풀릴 것이다. 학생들은 계단이나 복도 등 공동 책임을 지게 되는 청소 구역은 청소를 제대로 하지 않는다. 평가 불안을 덜 느끼게 되고 최선을 다하려 하지 않기 때문이다. 증가하는 학교 폭력의 방관자와 제노비스 사건도 이와 마찬가지 결과라고 할 수 있다.

제노비스 신드롬(방관자 효과)

1964년 3월 13일 새벽 3시, 미국 뉴욕주 퀸스에서 28살의 '캐서린 제노
비스'라는 여성이 귀가하던 길에 '모즐리'란 괴한으로부터 습격을 당한다. 칼
에 찔린 제노비스는 당시 '분명하고 큰 목소리로' 주변에 도움을 청했다. 집집
마다 불이 들어왔고, 시선이 현장으로 쏠렸다. 한 시민이 "그 여자를 가만히
둬!"라고 외쳤다. 모즐리는 도망쳤고, 제노비스는 피를 흘리며 한 가게 앞에
쓰러졌다. 하지만 아무도 제노비스에게 다가오지 않았다. 이후 모즐리는 다시
돌아와 제노비스를 여러 차례 찔렀다. 제노비스는 비명을 질렀고, 집집마다
다시 불이 들어왔다. 모즐리는 도망쳤다. 제노비스는 심각한 부상을 입은 채
로 자신의 집으로 향했지만, 모즐리는 또 다시 나타나 이번에는 제노비스를
강간했다. 누군가의 신고로 경찰이 왔지만, 이미 제노비스의 숨은 끊어진 상
태였다.

뉴욕타임스를 통해 사건 내막이 알려지자 독자들은 38명의 '방관자'들을
맹비난했다. 심리학에서는 이 사건을 통해 주위에 사람이 많을수록 책임감이
분산돼 어려움에 처한 사람을 돕지 않게 되는 현상을 뜻하는 제노비스 신드
롬이란 용어를 만들어 냈다. 제노비스 신드롬이란 용어가 생기면서 사회적으
로 경각심을 주었지만, 시간이 흐른 뒤 언론의 보도가 사실과 다르게 왜곡되
었다는 것이 밝혀진 것은 매우 씁쓸한 일이다.

학교 폭력 방어자

자신에게 이득이 없는데도 친구를 돕는 이타적인 행동을 하는 청소년이 있다. 청소년의 이러한 이타 행동은 어디서 나온 걸까?

첫 번째, 그 친구는 나와 관련 있는 사람이다. 이는 혈연 선택의 관점이다. 청소년이 학교에서 폭력 피해 친구를 도울 때 얼마나 그 사람과 관련이 있는지가 작용하는 것이다. 사람은 생물학적인 관련성의 정도나 그들이 경험한 것과 비슷한 것을 경험하는 타인을 구하거나 도움 행동을 한다. 실제로 피해 학생을 도와주는 방어자는 자신도 과거에 학교 폭력 피해 경험이 있다고 보고하였다.

두 번째, 나는 상대가 나를 도와준 적이 있는 경우에만 상대를 도울 용의가 있다. 호혜적 이타성의 관점이다. 무조건적인 도움 행위가 아니라 학교 폭력 피해자가 자신의 친구이거나 그 친구가 이전에 나에게 도움을 준 경우에는 돕는 것이다.

그러나 자신에게는 장기적으로 이득이 없는 데도 도움 행동을 하는 경우가 있다. 이에 대해 몇몇 연구자는 집단 선택이 이타 행동에 영향을 미쳤을 것이라고 본다. 즉, 이타적인 사람은 이타적인 사람과 어울리고 이기적인 사람은 다소 이기적인 사람과 어울리는 '유유상종(Assortive Interaction)' 현상을 말한다.

세 번째, 우리 반에 도움이 되고 장기적으로는 나에게도 도움이 되기 때문이다. 인간은 자기가 속한 집단의 이익을 보호하려고 한다. 그래서 자신이 속한 다른 구성원을 돕는 것이 잠재된 근본 속성이다. 이러한 관점에 따르면 집단 구성원 간에 일어나는 이타 행동은 집단의 생존에 유익할 것이고, 이타적인 행동을 하는 구성원이 있는 집단이 멸종될 확률이 적다는 것이다. 와츠(Watts)는 어떤 집단이든 그 집단이 오래 지속되기 위해서는 집단의 유대를 해치는 행위를 징계할 수 있는 수단이 필요하다. 그렇게 되면 그 집단의 규범을 어기는 사람들은 점차 집단으로부터 퇴출되어 고립될 것이므로 집단에는 이타적인 사람들만 남아 있게 된다는 가설이다. 실제로 학교 폭력이 발생하였을 때 한 사람의 도움 행동이 주변의 방관하던 다른 학생도 도움 행동을 하도록 변화시키고 이는 그 학급에서 또 다른 폭력 행동 발생을 감소시키는 결과를 가져왔다.

청소년과 소비자광고심리학

오늘날 청소년은 텔레비전, 휴대 전화, 인터넷 등과 같은 다양한 미디어에 노출되어 있으며 그러한 미디어로부터 일반적인 지식을 배우고 필연적으로 마케팅 메시지를 접한다. 매년 수만 개의 광고를 보며 어린 시절부터 제품과 브랜드에 대해 학습한다. 또 인지와 기억의 학습과 함께 브랜드에 대한 선호를 발달시키고 나이가 들면서 확대된다. 청소년과 성인의 소비는 무엇이 다른가? 청소년은 제품이 지위를 상징한다고 인식하고 제품을 통해 소속과 인정의 욕구를 얻으려는 경향이 높고, 즉흥적·충동적 소비 경향은 새로운 상품에 계속 눈을 돌리도록 하며, 나는 남들과는 다르다는 차별성 획득의 수단으로 소비한다.

청소년의 소비 활동은 어떠한가? 어떤 여학생은 지난번에도 충동구매로 엄마한테 혼났는데 이번에도 자신도 모르게 충동구매를 하고, 다른 여학생은 새벽 5시에 일어나 두 시간 동안 줄을 서고, 두 달 동안 모은 용돈을 모두 털어 핸드메이드 장난감을 구매해서 너무 행복하다고 한다. 왜 그걸 사게 되었느냐고 물어보니 '그냥 좋아서'라는 주관적인 기준을 제시한다.

사실 '그냥 좋은 것'은 그냥 좋은 게 아니다. 청소년이 소비를 확대하는 주도적인 연령층으로 부상하면서 대중 매체는 청소년의 즉흥적이고 충동적인 소비 문화를 부추기고 있다. 기업은 청소년이 일생 동안 중요한 고객이 될 수 있는 가능성을 염두에 두고 청소년에게 친숙하게 다가갈 수 있는 광고나 영상 매체들로 제품을 홍보함으로써 지속적인 소비를 부추기는 것이다.

광고 마케터의 주요한 표적, 청소년

매월 14일은 포틴스 데이(Fourteenth Day), 즉 청소년의 명절이다. 그중 유명한 날을 꼽아 보면 2월 14일 '발렌타인 데이', 3월 14일 '화이트 데이', 11월 11일 '빼빼로 데이'가 있다. 광고 마케터는 매월 14일을 특별한 날인양 포장하여 청소년의 소비를 부추긴다.

집단에 대한 소속 욕구

소속의 욕구는 인간의 기본적인 욕구 중 하나이다. 청소년의 소속 욕구는 브랜드 커뮤니티(Brand Community)를 형성한다. 구성원이 모두 같은 브랜드를 사용하는 특정 집단에 소속되어 있을 때 소비자는 소속 욕구를 강하게 느낀다. 지식과 경험이 부족한 청소년 소비자는 연예인이나 운동 선수가 등장하는 브랜드 광고에 현혹되기 쉬우며 또래 집단의 영향을 크게 받아 그들이 입은 옷이나 스타일 등을 맹목적으로 따라하게 된다.

"금연은 연중무휴입니다."
청소년 흡연 예방 문화제 개최

보건복지부와 한국건강증진개발원이 '청소년 흡연 예방 문화제'를 개최했다. 이번 문화제는 청소년이 주도적으로 흡연 예방 활동에 참여하게 하고, 금연 및 흡연 예방 작품을 직접 창작하여 다양한 내용을 발굴하고자 기획되었다. 최종 선정된 3가지 부문 수상작은 다음과 같다.

글쓰기 부문

충남 송학초등학교 1학년 박다은 학생이 '금연(금연은 / 연중무휴입니다.)'이라는 2행시로 대상의 영예를 안았다. 최우수상은 2편이 선정되었다. 강원 임당초등학교 1학년 김연성 학생이 '금연(금연하고 싶으세요? / 연락주세요. 1544-9030)'이라는 2행시로 최우수상을 수상했다. 충북 만승초등학교 1학년 장이안 학생이 '흡연 예방(흡족하게 피우셨나요, 담배! / 연기처럼 사라지네요. 건강! / 예상되는 흡연 속 미래 고통! / 방심말고 시작하세요. 금연!)'을 주제로 최우수상을 수상했다.

영상물 부문

전남 넙도초등학교 '넙도란도란팀(대표 : 6학년 유수현)'의 '담배 없는 세상을 꿈꾸며'와 대전 대신고 '니코틴 무첨가 참치팀(대표 : 1학년 최형준)'의 '오조오억 개 금연 방법, 너를 위해 금연해!' 작품이 대상을 수상하였다.

'담배 없는 세상을 꿈꾸며' 작품은 초등학생의 시선에서 학교 주변 및 어른

고등학생,
심리학자가 되다

들의 흡연을 통한 간접 흡연의 위험성을 담아냈다. '오조오억 개 금연 방법, 너를 위해 금연해!' 작품은 청소년 흡연의 위해성을 알리며 다양한 금연 방법을 광고 패러디 형식으로 표현하였다.

동아리 활동 부문

　대구 칠성고등학교의 금연 동아리인 '시가렛 마가렛(담배 막아라)'에서는 자체 제작한 흡연 예방 UCC와 금연 도우미와 흡연 학생의 조언자－조언을 구하는 자(멘토－멘티) 결연 활동, 사제 동행 금연 활동, 학교 주변 홍보 등 흡연 예방 활동뿐 아니라 흡연 친구를 도와 금연에 성공할 수 있도록 하는 다채로운 소통 활동을 진행하여 대상을 수상하게 되었다.

　모든 수상작은 한국건강증진개발원 누리집(https://khealth.or.kr/kps), 문화제 공식 누리집(http://khealthyouth.co.kr)에서 볼 수 있다.

　보건복지부 건강증진과장은 "최근 청소년 흡연율은 증가하고 있는 추세로, 이번 문화제가 청소년들이 흡연 예방 및 금연에 대한 중요성을 인식하는 계기가 되길 바란다."고 전했다.

청소년과 상담심리학

요즘 청소년은 공부, 직업, 외모에 대한 고민이 크다. 한국청소년복지개발원, 여성가족부, WEE 센터 등에 상담 전문가가 배치되어 있음에도 불구하고 청소년들은 주로 친구에게 고민을 털어놓는다.

청소년 사이에서 상담에 대한 관심이 날로 늘어나고 있다. 특히 대학에서 상담을 전공하고자 하는 학생은 고등학교에서 또래 상담자로 활동한 일이 흔하다. 청소년의 절반 정도가 자신의 고민을 상담 선생님이나 부모님보다 친구에게 이야기하는 상황에서 또래가 들어 주는 상담은 상담을 하는 청소년이나 상담을 받는 청소년 모두에게 의미 있는 일이라고 볼 수 있다.

청소년이 고민하는 문제(2018)

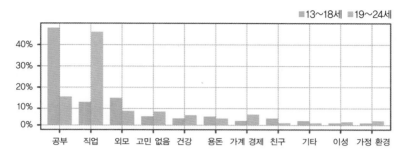

■13~18세 ■19~24세

출처 : 통계청, 「사회조사」

청소년이 고민하는 문제(13~24세)

(단위 : %)

	계	외모	신체적 정신적 건강	가정 환경	가계 경제 어려움	용돈 부족	공부 (성적, 적성)	직업	친구 (우정)	이성 교제 (성 문제)	기타1)	고민 없음
2016	100	10.7	4.8	2.0	5.8	4.2	32.9	28.9	2.2	1.6	1.7	5.2
2018	100	10.9	5.4	1.7	4.8	4.9	29.6	30.2	2.5	1.8	1.8	6.4
남자	100	7.9	6.0	1.6	5.0	5.4	31.0	28.7	2.4	2.3	2.5	7.2
여자	100	13.8	4.9	1.8	4.6	4.3	28.2	31.7	2.6	1.4	1.1	5.5
13~18세	100	13.1	4.0	1.6	2.4	5.8	47.3	12.3	4.5	1.4	2.4	5.3
19~24세	100	9.0	6.6	1.9	6.8	4.2	14.9	45.1	0.8	2.2	1.3	7.3

출처 : 통계청, 「사회조사」
주 : 1) 흡연, 음주, 학교 폭력, 인터넷 중독 포함

10대 청소년은 공부에 대한 고민을 가장 많이 하고, 20대 초반은 직업에 대한 고민을 가장 많이 하는 것을 알 수 있는 자료다.

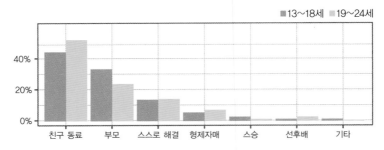

청소년 고민 상담 대상(2018)

■13~18세 ■19~24세

출처 : 통계청, 「사회조사」

청소년이 고민 상담 대상(13~24세)

(단위 : %)

	계	부모	아버지	어머니	형제자매	친구동료	선후배	스승	스스로해결	기타[1]
2016	100	24.1	3.5	20.6	5.1	44.4	1.9	1.8	21.8	0.8
2018	100	28.0	4.1	23.9	5.1	49.1	1.5	1.5	13.8	1.0
남자	100	26.6	6.3	20.3	4.1	49.0	1.9	2.1	15.1	1.3
여자	100	29.4	1.9	27.5	6.1	49.2	1.0	0.9	12.5	0.8
13~18세	100	33.7	4.7	28.9	4.2	44.1	0.8	2.1	13.7	1.3
19~24세	100	23.2	3.5	19.7	5.9	53.3	2.0	0.9	13.9	0.8

출처 : 통계청, 「사회조사」

주 : 1) '전문 상담가' 포함

위의 자료를 통해 청소년은 주로 친구에게 고민 상담을 하고, 20대 초반도 친구에게 고민을 털어놓는 것을 확인할 수 있다.

또래 상담자는 무엇을 하는가? 또래 상담 활동을 하고 있는 상담자에게 친구들을 어떻게 도와주고 있는지 물어보았다.

'그냥 들어 줘요. 들어 주기만 하는 데도 자기가 알아서 하더라고

요.'

그냥 듣기만 하는 것이 쉬운 일이 아니다. 다른 사람의 말을 가로막고 조언이나 충고를 해 줄 수도 있다. 그러나 내담자는 도움을 받기는 원하지만 충고를 듣는 것을 좋아하지 않는다. 내담자는 자신의 고통스러운 마음을 해소하러 온 것이지 상담자의 말을 들으러 온 것은 아니다. 상담자는 듣는 사람이다. 또래 상담자가 들어 주기만 해도 내담자의 기분이 한결 나아지는 이유가 바로 여기에 있다.

생애 처음으로 인생의 등대를 만나다

▲ 〈굿 윌 헌팅(Good Will Hunting, 1997)〉

월은 천재적인 두뇌의 소유자로 수학, 법학, 역사학 등 모든 분야에 재능이 뛰어나다. 하지만 어린 시절 받은 상처 때문에 세상에 마음을 열지 못하고 불우한 반항아가 된다. MIT 수학과 램보 교수는 절친인 '처키'와 어울리던 '월'의 재능을 알아보고 대학 동기인 심리학 교수 숀에게 월을 부탁한다. 거칠기만 하던 월은 숀과 시간을 보낼수록 상처를 위로 받고 조금씩 변화한다.

'It's not your fault(네 잘못이 아니야).'

월이 숀에게 건넨 위로는 이 영화의 명대사로 뽑혀 회자되고 있다.

여행 참가자 1

 심리학 여행을 통해 친구들이 겉으로 보이는 것과는 다르고 내가 아주 많이 오해하고 있었다는 것을 알았다. 친구에 대한 오해가 풀렸다. 그 친구는 공부만 하고 다른 친구들 혹은 아무 것에도 관심이 없는 줄 알았다. 나는 그 친구를 볼 때마다 "쟤는 왜 공부만 하지?"라고 생각했다. 심리학 강의 시간에 수업을 들으면서 인간의 마음에는 기본적인 욕구가 모두 있다는 걸 배웠다. 그 수업을 들은 뒤에는 그 친구를 볼 때 '왜'라는 생각이 들기보다는 '정말 대단하다'라는 생각으로 변했다. 그 친구도 놀고 싶은 마음이 있는데 대학을 가기 위해 놀고 싶은 마음을 억누른다는 것을 알았다. 그 친구를 더 이해하게 되어 마음도 편해지고 진심으로 다가갈 수 있게 되었다.

여행 참가자 2

　동아리에 나를 힘들게 하는 친구가 있다. 나는 무계획적인데 그 친구는 도가 지나치게 계획적이라 무슨 일을 할 때마다 지나칠 정도로 집요하게 계획한다. 그동안 이해하려고 애썼지만, 사실 머리로는 이해가 되는데 그런 일이 닥칠 때마다 힘들었다. 나도 미리미리 계획을 세우고 잘해 보고 싶지만 잘 안 된다. 이번 심리학 강의를 통해서 내 성격을 이해하게 되었고 나를 이해하고 나니 계획적인 동아리 친구의 마음이 이해가 간다. 아무런 계획도 없이 '내가 할게. 다 잘될 거야.'라고 하는 나를 보고 얼마나 힘들었을까?

여행 참가자 3

　오늘 고등학교에 와서 처음으로 친구에게 손을 들고 인사를 건넸다. 그 친구도 나에게 손을 들어 인사해 주었다. 날아갈 것만 같은 기분이었다. '야호! 어떻게 나에게 이런 일이 일어나지?' 아마도 심리학 강의가 주원인인 것 같다. 나는 내가 이상한 애라고 늘 생각해 왔다. 엄마와도 아빠와도 말하고 싶지 않고 다른 누구에게도 관심이 없는 내 행동을 내가 이해하지 못했고 그런 자신감 없고 부끄러움 많이 타는 내가 싫었다. 그런데 심리학 강의 시간에 지금의 나는 그런 시기이고 누구에게나 찾아올 수 있는 시간이라는 것을 알게 되었다. 그리고 심리학 강의를 듣고 마지막 피드백 시간에 나와 똑같이 말을 안 하고 부끄러워하는 친구도 있다는 것을 알게 되었다. '나만 그런 게 아니구

나.'라는 생각이 들었고 내가 이상한 애가 아니라는 것도 처음으로 알
게 되었다.

여행 참가자 4

나는 나만 이상한 괴물 같다는 생각을 했다. 심리학 강의를 통해 나
를 돌이켜 보고 나만 보는 게 아니라 다른 사람들도 자세히 들여다보
게 되었다. 나만 특이한 게 아닌 것을 알게 되었고 나랑 비슷한 성격
을 가지고 있는 사람도 있다는 것을 알게 되어 위안이 되었다.

나는 다른 사람들을 잘 이해하지 못했다. 그렇게 이해가 안되는 상
황이 벌어지면 나는 자주 욱한다. 나는 그런 내가 싫었다. 가끔은 교
실에서 참을 수 없을 때가 있다. '쟤는 왜 저렇게 떠들지?', '쟤는 왜
공부를 방해하지?'라고 생각했다. 그 사람의 입장이 되어 '그럴 수도
있겠다.'라는 생각보다 내 입장에서 늘 '왜?'라는 의문을 품었다. 하교
할 때도 버스 안에서 '저 사람은 왜 자리가 있는 데도 앉지 않고 서 있
지?', 길을 지나가는 사람들을 보면 '저 사람은 왜 길에서 시끄럽게 떠
들지?' 학교에서 가끔 참을 수 없을 정
도로 화가 나면 화나게 한 친구의 책
상을 집어 던지기도 했다. 지금은 달
라졌다. 자동적으로 깨달음을 얻게
된다. 그 사람의 입장이 되니 그 사람
의 마음이 읽힌다. 여학생들이 옆에서

왁자지껄 떠들면서 지나가면 '1학년일 때는 뭐를 봐도 신기하고 웃기는 일일 수 있고, 외향적인 성격인가 보다.'라고 생각하게 된다. 화가 나지 않고 이제는 오히려 편하다.

여행 참가자 5

아버지와의 관계가 달라졌다. 심리학 강의를 듣기 전에는 말을 많이 하시는 아버지가 이해가 가지 않았다. 지금은 아버지가 잔소리를 많이 하시면 잔소리 이면에 '뭘 이야기하시고 싶은 걸까?', '정말로 하고 싶은 말씀이 뭘까?'라고 생각한다. 그러니 '아하, 바로 그거였군!' 하고 생각하게 되었다. 나와 이야기하고 싶었던 거다. 그리고 내가 잘 되기를 바라는 거라고 이해하게 되니 내 마음도 편해졌다. 이제는 아빠를 슬금슬금 피하기보다 내가 먼저 말을 건다. '아빠, 걱정하지 마세요.'

여행 참가자 6

심리학 강의를 통해서 인간의 동기가 무엇인지를 알았다. 내가 공부를 해야 하는 동기도 생겼다. 내 인생은 내가 선택하는 것이고 내가 책임지는 것이라는 것을 알았다. 이제 내가 왜 학교에 가야 하는지도 알았다. 지금까지 엄마와의 갈등에 초점을 맞추고 비난하기만 했다. 모든 게 다 마음에 들지 않았고 나는 사랑받지 못하는 존재라는 생각이 들었다. 심리학을 공부해서 다른 사람의 마음을 편하게 해 주는 일을 하고 싶은데 내 마음도 편하지 않은데 어떻게 하지? 이런 마음이 나의 진로조차 흐리게 만들었다. 심리학 강의는 내 마음을 움직이게 만들었다. 이제는 나에게로 방향을 돌릴 수 있을 것 같다. 지금부터 공부하면 심리학과에 갈 수 있을까?

여행 참가자 7

초등학교 4학년 때부터 내 성격이 변했다. 그 이전에는 말괄량이처럼 뛰어다니고 놀곤 했는데 나도 모르게 말을 하지 않게 되었다. 왜 그런지는 나도 모르겠다. 심리학 강의는 나를 모르는 것에 지쳐 있던 나에게 생기를 불어넣어 줬다. 나는 내가 다른 사람들 말을 듣고 있는 것에 놀랐고 다른 사람들 말에 반응하는 나를 보고 놀랐다. 내가 입을 열다니! 이번 심리학 강의는 나를 알게 되고 이해하는 시간이었다. 지금까지 나는 내가 마음에 들지 않았다. 그래서 휴대 전화 세상에서 살았는데 이제는 내가 원하는 나로 변해야겠다는 생각이 든다. 변하고 싶다. 간절하다.

여행 참가자 8

나는 나를 드러내지 않는다. 그래서 친구들은 나를 감정이 없다고 하기도 하고 차갑다고 하기도 한다. 나는 엄마에게 늘 잘 보이려고 애써 왔고 친구들에게도 나의 못난 면은 숨기고 괜찮은 면만 보이려고 했다. 얼굴에 기쁜

일도 슬픈 일도 드러내지 않았고 완벽한 내가 되려고 노력했다. 이번 강의를 통해서 그런 나를 자주 만났다. '아, 내가 엄마한테 잘 보이려고 애썼구나, 사랑받으려고 애썼구나.'라는 생각이 들었고 왜 그랬는지에 대해서도 곰곰이 생각해 봤다. 어렸을 때 부모님이 너무 엄격하셔서 나는 무서웠다. 혼날까 봐 늘 조심스러웠고 잘 보여야 한다고 생각을 했던 것 같다. 이번 시간은 그런 나의 마음을 알게 해 준 시간이었다.

여행 참가자 9

나는 사람들이 나에게 조금이라도 다가오면 후다닥 피해 버린다. 그 사람이 싫은 게 아니라 부담스럽기 때문이다. 그런데 친구들은 그런 나를 오해한다. 이번 강의를 통하여 내가 왜 그런 행동을 하는지 이해하게 되었다. 내가 모자라서 그런 게 아니라 내 성격이 내향적이고 혼자 조용하게 있는 걸 좋아한다는 것을 알았다.

가끔 엄마는 그런 나를 고집이 세다고 하신다. 나는 하기 싫은 일은 죽어도 안하고 하고 싶은 일은 누가 뭐래도 한다. 그게 나다. 이번 심리학 강의에서 진짜 나를 만났다. 그런 나를 만나고 나니 혼자서 잘 견뎌 온 내가 대견스러운 마음이 들었다. 다른 사람의 말을 들어 주면서 내 주장도 하는 사람으로 변해야겠다는 생각이 든다. 내가 잘할 수 있을까?

여행 참가자 10

나는 소비자광고심리학에 관심이 많다. 이번 심리학 강의를 통해 소비자광고심리학은 그것만 알아서 되는 게 아니라 심리학 전반에 걸쳐 아는 것이 중요하다는 정보를 얻게 되었다. 심리학에 이렇게 많은 분야가 있는 줄 몰랐는데 너무 신기하다. 건강심리학과 코칭심리학도 신기하다. 심리학은 마음에 문제가 있거나 병든 사람들을 고쳐 주는 건 줄 알았는데 건강한 사람을 더 행복하고 더 건강하게 살 수 있도록 도움을 주는 심리학이 있다니! 정말 심리학은 매력적이다. 대학의 심리학과에 입학하게 되면 소비자광고심리학, 건강심리학, 코칭심리학, 모두 다 공부해 볼 생각이다.

여행 참가자 11

우리 엄마는 고등학생은 울 수도 없고 울어서도 안 된다고 하신다. 공부만 해야 된다는 것이다. 고등학생이라는 자체가 스트레스였고 마음이 너무 답답했는데 심리학 강의는 내 마음의 무거운 짐을 잠시나마 잊게 해 주는 시간이었다. 내가 교실에 앉아 있다는 느낌도 모르게 그 시간이 휙 지나가버리는 몰입의 순간을 경험했다. 이런 몰입의 순간은 정말 오랜만에 경험해 본다. 요즘은 뭘 해도 지루하다. 공

부는 물론이고 친구들과 놀아도 마음이 편하지 않다. 공부를 할 때도 이런 몰입의 순간이 왔으면 좋겠다. 심리학 강의가 내 마음에 잠시 마법을 부린 것 같다.

여행 참가자 12

나는 내 마음이 심장에 있다고 생각했는데 뇌에 있다는 걸 처음 알았다. 마음이 뇌에 있다는 게 너무 신기하다. 이제 사람의 하트는 머리에 그리는 게 맞겠다. 뇌는 신기하다. 지금부터 뇌에 나쁜 것보다는 좋은 것, 아름다운 추억을 많이 만들어 기억 속에 저장해 두고 대학에 입학할 때까지 힘들 때마다 꺼내 봐야 되겠다. 그리고 뇌 속에 있는 어린 시절의 기억이 지금의 행동에 영향을 미쳐서 친구들이 폭력을 저지르고 남에게 피해를 주는 행동을 한다는 걸 알았다. 나의 뇌속에는 무엇이 저장되어 있지? 대학에 가서도 뇌에 대해 더 연구해 보고 싶다.

여행 참가자 13

나는 공부하는 것보다 친구들과 같이 어울려서 노는 것을 좋아한다. 우리 반에서 가장 떠드는 사람은 '나'이고 내 주변의 공부하는 애들은 심지어 나를 '매의 눈'으로 째려보기도 한다. 조용히 해야 되는 걸 알고 있지만 마음처럼 행동이 따르지 않는다. 나는 또 짝과 수다를 떤다. 셀리그만의 동영상을 보면서 행복한 사람의 특징이 사교적인 것

고등학생,
심리학자가 되다

이라는 것을 알게 되었다. 사교 모임 같은 데에 자주 참석하는 사람이 더 행복하다고 했다. 나는 내가 친구들을 지나치게 좋아하고 사교적이 아닌가 싶었는데 그게 나의 강점일 수도 있다는 생각이 들었다.

DREAM COME TRUE!!

손교수님의
심리학 이야기

고등학생과 함께한
심리학 여행

    심리학을 전공하거나 심리학과 관련된 사람들은 종종 과학을 강조한다. 그러나 심리학을 처음 접하는 청소년은 심리학의 과학적 접근의 중요성을 알지도 못하고 안다고 하더라도 그다지 깊이 있게 알지 못한다. 예를 들어 심리학과를 지망하려는 고등학생의 '마음이 어디에 있는지?'에 대한 답을 살펴보자. 한 학생은 마음은 가슴에 있다고 대답하였다. 왜냐하면 가슴은 따뜻하고 따뜻한 마음을 전달하는 것이 심리학이라는 것이다. 다른 학생은 마음은 머리에 있다고 하면서 이마를 가리켰다. 그 학생은 우리의 모든 기억이 우리의 마음이고 그 기억은 뇌가 저장하고 있기 때문이라고 하였다. 이렇게 마음이 어디에 있는지 생각하고, 그것을 설명하려는 시도 자체가 심리학의 첫 걸음이다. 대부분의 청소년은 마음의 위치에 대한 생각을 해 본 적도 없고 그렇기 때문에 설명할 수도 없다. 따라서 심리학을 전공하고자 하는 청소년이 이 책을 접하면서 심리학의 과학적인 접근 방법에 대해 생각하길 기대한다.

심리학을 공부하려는 학생은 각자 분명하고 납득할 만한 이유가 있다. 앞으로 교사가 되고 싶은 학생은 아동 이해가 우선이기 때문에 심리학을 공부할 필요성을 느낀다고 한다. 경찰이 되고 싶은 학생에게 심리학이 매력적인 이유는 경찰은 범죄자의 심리를 파악하는 것이 우선이라고 보기 때문이라고 하였다. 몇몇 학생은 자기들만의 스터디 그룹을 만들어 심리학을 공부하고 있다고 하면서, 대학 진학도 중요하지만 자신이 현재 느끼는 다양한 정서와 타인과의 관계에서 오는 갈등을 해결하고 싶은 마음이 크다고 하였다. 뿐만 아니라 심리학 공부를 한 이후로 친구들이 자신의 문제를 상담해 오면 들어 주기도 하는데 가끔은 그 작은 일이 친구의 문제 해결을 위한 실마리가 되었다고 한다. 그래서 심리학이라는 학문에 점점 더 끌린다고 하였다.

이 책은 심리학을 공부하고 싶은 청소년을 위한 '심리학 안내서'를 목표로 하였다. 먼저 심리학의 역사에서 빼놓을 수 없는 인물을 소개하였다. 심리학을 전혀 몰랐던 청소년에게는 이러한 심리학 거장에 대한 소개가 심리학 이해의 출발에 도움을 줄 것이다. 그러나 심리학은 여기에 소개된 몇몇 위인만의 노력으로 오늘날까지 온 것은 아니라는 것을 말하고 싶다. 이러한 사실은 심리학과에 입학하면 더욱더 자세하게 공부하게 될 것으로 믿는다.

심리학과를 졸업한 후에 어떤 진로를 선택할 수 있는지에 대한 장도 수록하였다. 심리학 전공자가 선택할 수 있는 직종과 영역을 소개하였고, 심리학과 관련한 여러 가지 직업에 대해서도 두루 살펴볼 수 있도록 하였다. 이 장은 인내심을 가지고 하나씩 탐색할 필요가 있을 것이다. 그 부분을 다 읽기에 너무 지루하다고 느껴진다면 자신의 마음에 와 닿는 관심 분야를 먼저 읽는 것도 방법이 될 수 있을 것이다.

다음 장에서는 미국심리학회와 한국심리학회를 소개하였다. 그 이유는 이 학회 사이트에 들어가면 학생들이 궁금해 하는 거의 모든 내용들이 정리되어 있기 때문이다. 또한 미국심리학회와 한국심리학회의 연차대회를 소개하면서 미래에 심리학 공부를 하게 되면 반드시 참석하기를 바라는 마음도 담았다.

고등학생의 심리학 이야기를 다룬 장은 심리학을 전공하려는 고등학생들이 가장 관심을 둔 분야를 다루었다. 심리학 여행을 함께한 고등학생들은 여행을 한 이후 자신의 관심 분야를 하나씩 정하였고 그들이 정한 분야를 별도로 소개하는 장을 마련하였다. 심리학 여행을 하면서 고등학생들이 심리학에 대해 생각보다 아는 것이 너무 적어 놀랐고 그들이 좀 더 많은 것을 알아 가며 심리학을 공부하는 과정이었다. 특히 이 장은 특정 분야가 좋다고 공감하고 추천하거나 특

정 분야는 미래의 전망이 어둡다고 판단하지 않고 고등학생의 시선에 맞추었다.

이 책을 쓰기 전에 열세 명의 고등학생들과 함께 심리학 수업을 진행했다. 그들은 내가 어떻게 하면 고등학생에게 심리학을 알기 쉽게 전달할 수 있을지에 대한 고민을 덜어 주었고 그들의 질문에 대한 답이 이 책에 있다. 처음 만난 날, 어떤 학생은 '마음은 가슴에 있다.'고 하였다. 마지막 만난 날, 학생들은 '마음은 뇌에 있다.'고 하면서 뇌 속에 심리학과 함께 떠난 여행의 기억을 차곡차곡 모아서 대학교에 입학할 때까지 힘들고 어려울 때마다 지금의 이 행복한 기억을 하나씩 꺼내 볼 것이라고 하였다.

내가 걸어온
심리학자의 길

　심리학은 통합의 학문이다. 심리학의 이론만 알아서도 안 되고 심리학의 응용 분야를 아는 것만으로 심리학을 안다고 할 수 없다. 이론과 경험이 균형을 이루는 것이 필요하다. 그런 의미에서 나는 지금의 나를 만든 것이 우연은 아니라고 생각한다. 나는 독일어와 영어를 가르쳤으며 지금은 심리학과 관련된 다양한 과목을 가르치고 있다. 나는 영어를 가르쳤지만 영어만을 가르치지는 않았다. 여러 배경지식들을 함께 가르쳤다. 예를 들어 지구의 어느 곳에서 어떤 일이 일어나면 나는 학생들에게 그곳이 어디인지를 지도에서 찾게 하여 그 나라는 어디에 있는지, 그리고 그 나라는 어떤 역사를 가지고 있는지 알게 했다. 그리고 그 시절의 우리나라는 어떤 상황이었는지 비교하게 하였으며 그곳에 사는 사람은 어떤 사람인지 알도록 하였다. 이러한 배경지식은 학생에게 그 대상에 대한 호기심을 불러일으키고 그 부분을 공부하고 싶은 동기를 유발하게 하였다. 심리학도 마찬가지다. 내가 알고 있는 심리학은 그 사람 개인의 역사뿐만 아니라 그 개인을 둘러싸는 사회와 문화 및 그 사람의 환경이 모두 같은 길 위에서 만나게 되는 학문이다.

지금의 나를 만든 세 분의 은사님이 계신다. 첫 번째 은사님은 고등학교 1학년 때 만난 독일어 선생님이다. 독일이 어디에 있는 나라인지도 잘 모르는 우리에게 선생님은 '아베체데'를 가르쳐 주시면서 독일과 독일의 지식인에 대해서 자세하게 설명해 주셨고 나는 그때 프로이트라는 사람을 처음 만났다. 무의식의 세계라니! 나는 꼭 독일어를 공부해서 프로이트가 태어난 독일에 가 보고 싶었다. 대학에 입학한 뒤에는 독일어를 열심히 공부했고 졸업 이후 곧바로 독일어 교사가 되었다. 이후 석사 과정에서 나는 다시 프로이트를 만났다. 의식과 무의식을 다시 만난 것이다. 그때 만난 은사님으로부터 심리학과 상담심리학 등에 대해 더 깊이 배울 수 있었다. 박사 과정에서 만난 은사님은 나에게 심리학이라는 학문과 학문 이후의 세상으로 나갈 수 있는 문을 열어 주셨다. 박사 과정 첫 학기부터 이론과 연구 방법에 대해 혹독한 훈련을 받았고 미국심리학회에 여러 번 참가하였으며 다양한 분야의 연구를 할 수 있는 기회를 만들었다. 특히 박사 과정 동안 심리학과 교수님의 인지심리학 수업은 잊을 수가 없다. 1주부터 16주까지 인지심리학 관련 논문 40편 이상을 함께 읽으며 히긴스, 트버스키, 카네만 등 미국 인지심리학의 대가들을 만날 수 있어서 정말 행복했다.

나는 가르치는 일도 즐겁지만 연구를 하는 일도 즐겁다. 첫 연구의 주제는 아주대학교 인재상 연구였다. 나는 그 당시 처음으로 연구의 이론적인 부분을 맡았으며 아주대학교와 관련된 교수, 동문 등 많은 분과 인터뷰를 할 수 있었다. 이후 아주대학교 교육연구소에서 연구를 할 수 있는 기회가 주어졌고 학교 폭력과 관련된 사람들, 즉, 교사와 학생에 관한 연구를 중점적으로 하였다. 박사 논문의 주제도 학교 폭력과 관련된 연구이다. 세 번째 연구는 고등학생의 자기 표현이다. 자기 표현과 관련된 질적 연구와 양적 연구는 대학원 박사 과정을 온전히 바친 연구이다. 지금도 자기 표현과 관련된 연구는 꾸준히 진행하고 있다. 나의 연구 대상은 대부분 청소년과 대학생이며 아마 앞으로도 청소년은 내가 가장 사랑하는 연구 대상일 것이다. 이는 고등학교 교사를 했던 경험과 대학의 상담 센터에서 오랫동안 상담을 했던 경험 때문일 것이다. 앞으로도 청소년과 대학생의 삶이 더 행복해질 수 있도록 중·고등학생과 대학생 관련 연구를 꾸준히 하고 싶다.

나는 현재 중앙승가대학교 상담학 전공에서 상담심리학을 가르치고 있다. 누가 시켜서 공부하는 것이 아닌데도 불구하고 나는 무척 열심히 공부한다. 심리학에 대한 전반적인 지식을 가르치는 일도 중요하지만 상담심리학자로서 그리고 상담자로서 걸어가야 할 길이 무엇인지에 대해 강조하고 있다. 강의를 하는 것도 그리고 연구를 하는 것도 즐거운 일이지만 마음을 공부하는 사람들을 만나 함께 시간을 보내는 것은 나에게 온 가장 큰 행운이라고 생각한다.

나의 경력은 가르치는 일이 대부분이었다. 이 책은 고등학생들을 만나 13일 동안 심리학을 직접 가르치면서 매일
그들의 피드백을 경청한 뒤 썼다. 학생들과 눈
을 마주 보면서 그들이 심리학을 어떻게 생각하
고 있고 무엇이 궁금하며 무엇을 원하는지 직접
듣고 쓴 것이다. 국어나 수학 혹은 영어 과목과는 달리 심리학의 경
우, 고등학생들은 이제 막 걸음마를 떼는 수준이다. 그들은 심리학이
무엇인지 어떤 학문인지에 대해 거의 알지 못한다. 그래서 이 책을 준
비하면서 나는 고등학생들이 심리학의 걸음마를 떼는 것을 첫 번째
목표로 두었다. 따라서 심리학자가 이 책을 보면 심리학개론으로는 너
무 가볍다고 느낄 수도 있을 것이다. 그러나 역사 속의 심리학자들, 심
리학의 모든 분야들, 심리학과 졸업 후 진로 방향, 고등학생이 특히
궁금해 하는 심리학 분야를 소개하였다. 또한 각 분야별로 학생들의
이해를 돕기 위하여 관련된 신문 기사, 영화, 인터뷰 등을 실었다. 이
책은 심리학을 전공하는 사람이 아니더라도 심리학에 대해 알고 싶어
하는 사람들이 읽으면 좋을 것이다. 또한 이 책에 제시된 각 심리학
분야의 일련의 사건들은 청소년에게 다양한 토론거리를 제공할 수 있
을 것이다.

　이제 열세 명의 고등학생들과 함께한 13일간의 심리학 여행을 모두
마무리한다. 경주 원뜰에서 출발하여 불국사를 거쳐 새로 생긴 토함
산 터널을 빠져나가면 바로 감포 해변이다. 13일 동안 나는 동해안 끝
자락의 감포에서 울산 간 7번 국도를 13번이나 왕복하였고 그 여행길

에서 살아 있는 심리학자를 여럿 만났다.

내가 만난 첫 번째 심리학자는 '장터밥상' 여주인이다. 두 번째 심리학자는 '토굽스' 카페 여주인이다. 세 번째는 바로 내가 매일 만난 울산의 고등학생들이다.

장터밥상 여주인은 사람을 연구한다. '사람들은 도대체 어떤 맛을 좋아할까?', '어떻게 하면 더 좋은 맛을 낼 수 있을까?', '사람들은 어떤 상차림을 더 선호하는가?'를 매일 연구한다. 밥을 먹으러 오는 사람들을 관찰하고, 밥을 먹고 난 뒤 피드백을 경청하고, 그러한 관찰과 피드백을 더 나은 음식 맛을 내는 데에 반복하여 반영한다. 어떤 사람은 그 국밥을 먹고 자신의 전공인 하모니카를 꺼내어 주방을 향하여 즉석 연주로 고마움을 전한다. 국밥을 매개로 상호 작용하는 것이다.

토굽스 카페의 여주인은 하루 수백 잔의 커피를 만들어 낸다. 커피만 만들어 내는 게 아니라 로저스의 이론을 그대로 실천하고 있다. 카페에 들어오는 모든 손님에게 친절한 미소로 환대하고 손님의 말을 경청하고 감정을 반영해 주고 무조건적인 존중을 실천한다. 멀리서 여행을 떠나온 외로운 사람들은 그 고마움에 차에서 주섬주섬 자신이 가진 것을 꺼내서 주인에게 주면서 감사의 인사를 전하고 떠난다.

울산의 고등학생들은 오늘도 내일도 열심히 대학 입시 공부에 몰두한다. 그렇지

만 학생들은 늘 마음은 어디에 있는지, 왜 그 마음이 괴로운지 궁금해 한다. 삐뚤어진 성격 때문인지 자신에게 묻기도 한다. 그들은 나와 함께 13일 동안 심리학 여행을 하면서 자신을 이해하고 타인을 이해해 나갔다. 성격심리학부터 중독심리학에 이르기까지 쉬지 않고 여행길에 올랐다. 나와 함께 심리학 여행을 하면서 친구들도 자신과 똑같은 고민을 하고 있다는 것에 안도감을 느끼고, 자신과 친구는 서로 다르다는 것을 인정하는 결론에 도달했다. 학생들은 여행을 끝마치면서 자신이 존재하고 있음에 감사하면서 자신을 위한 눈물을 흘리기도 했다. 그들은 모두 심리학자들이다.

여행의 마지막 날, 나는 내 마음의 안식처이자 내 마음의 근원지인 원뜰로 다시 돌아왔다. 그곳은 내가 어디서 왔고 어디로 가는지를 알게 해 주고 내 존재의 이유가 있는 곳이다. 여러분도 이 책을 읽으면서 자신의 마음을 비춰 줄 수 있는 심리학 여행이 되었기를 바라고, 심리학이라는 학문에 대한 이해의 폭을 넓혔기를 바란다. 그리고 이번 여행에서 배운 것들 중 어떤 것이라도 여러분 마음의 깊숙한 곳에 자리 잡기를 바란다. 심리학 강의 마지막 시간에 늘 학생들에게 하는 말을 마지막으로 이 글을 마친다.

'Distance is Nothing.'

손 강 숙

심리학 관련 학과가 있는 대학

강원도	강원대학교, 한림대학교
경기도	가톨릭대학교, 경기대학교 대학원 범죄심리학과, 아주대학교, 한신대학교 대학원(심리학과) / 정신분석대학원(야간)
경상남도	경남대학교, 경상대학교, 인제대학교 상담심리치료학과
경상북도	경일대학교 심리치료학과, 대구가톨릭대학교, 대구대학교, 대구대학교 재활심리학과, 영남대학교, 한동대학교 상담심리사회복지학부
광주	전남대학교
대구	경북대학교, 계명대학교
대전	대전대학교 산업광고심리학과, 충남대학교, 침례신학대학교 상담심리학과
부산	부산대학교, 경성대학교, 동명대학교 상담심리학과
서울	고려대학교, 광운대학교 산업심리학과, 덕성여자대학교, 삼육대학교 상담심리학과, 서강대학교, 서울대학교, 서울여자대학교 교육심리학과, 성균관대학교, 성신여자대학교, 숙명여자대학교 사회심리학과, 연세대학교, 이화여자대학교, 중앙대학교
전라남도	동신대학교 상담심리학과
전라북도	우석대학교, 전주대학교 상담심리학과, 전북대학교
충청남도	건양대학교 심리상담치료학과, 선문대학교 상담심리사회복지학과, 호서대학교 산업심리학과, 단국대학교 심리치료학과
충청북도	꽃동네대학교 상담심리학과, 충북대학교
사이버	건양사이버대학교 상담심리학과, 고려사이버대학교 상담심리학과, 글로벌사이버대학교 상담심리 전공, 대구사이버대학교 상담심리학과, 서울디지털대학교 상담심리학과, 서울사이버대학교 상담심리학과, 한양사이버대학교 상담심리학과

심리학 대학 사이트 소개

- **가톨릭대학교**(https://psych.catholic.ac.kr/psych/index.html)
- **강원대학교**(http://psych.kangwon.ac.kr/) • **건양대학교**(http://psy.konyang.ac.kr/)
- **건양사이버대학교**(https://www.kycu.ac.kr/physical.do)
- **경남대학교**(http://www.kyungnam.ac.kr/psy/main/)
- **경북대학교**(http://psy.knu.ac.kr/) • **경상대학교**(http://www.gnu.ac.kr/hb/psycho)

- 경성대학교(http://cms2.ks.ac.kr/psycho/main.do) • 경일대학교(http://pt.kiu.ac.kr)
- 계명대학교(http://newcms.kmu.ac.kr/kmupsy/index.do)
- 고려대학교(http://psy.korea.ac.kr) • 고려사이버대학교(http://www.cuk.edu/101720.do)
- 광운대학교(http://psy.kw.ac.kr)
- 글로벌사이버대학교(http://www.global.ac.kr/user/nd90693.do)
- 꽃동네대학교(http://psych.kkot.ac.kr)
- 단국대학교(http://www.dankook.ac.kr/web/kor/−580)
- 대구가톨릭대학교(http://psycho.cu.ac.kr/index.html)
- 대구대학교(http://psychology.daegu.ac.kr)
- 대구사이버대학교(http://dcucounsel.dcu.ac.kr)
- 대전대학교(http://home.dju.ac.kr/djupsy/)
- 덕성여자대학교(http://www.duksung.ac.kr/psycho/main.do)
- 동명대학교(http://cp.tu.ac.kr/default/main/main.jsp)
- 동신대학교(https://counseling.dsu.ac.kr/counseling/)
- 부산대학교(http://psy.pusan.ac.kr) • 삼육대학교(https://www.syu.ac.kr/couns/)
- 서강대학교(http://psychology.sogang.ac.kr) • 서울대학교(http://psych.snu.ac.kr)
- 서울디지털대학교(http://counsel.sdu.ac.kr)
- 서울사이버대학교(http://counsel.iscu.ac.kr) • 서울여자대학교(http://edpsy.swu.ac.kr/)
- 선문대학교(http://cpsw.sunmoon.ac.kr/2017/) • 성균관대학교(https://psych.skku.edu/)
- 성신여자대학교(https://www.sungshin.ac.kr/sites/psy/index.do)
- 숙명여자대학교(http://socpsy.sookmyung.ac.kr)
- 아주대학교(http://apsy.ajou.ac.kr) • 연세대학교(http://psylab.yonsei.ac.kr)
- 영남대학교(http://psy.yu.ac.kr) • 우석대학교(http://psycho.woosuk.ac.kr)
- 이화여자대학교(http://my.ewha.ac.kr/psych/)
- 인제대학교(http://homepage.inje.ac.kr/∼sangdam/)
- 전남대학교(http://psyche.chonnam.ac.kr) • 전북대학교(http://psy.chonbuk.ac.kr/)
- 전주대학교(http://www.jj.ac.kr/jjcounseling) • 중앙대학교(http://psyche.cau.ac.kr)
- 충남대학교(http://cnupsy.ezshosting.com/main/)
- 충북대학교(http://psychology.chungbuk.ac.kr)
- 침례신학대학교(http://counsel.kbtus.ac.kr/index.asp)
- 한동대학교(https://www.handong.edu/major/gradschool/general/psychology/)
- 한림대학교(http://psy.hallym.ac.kr)
- 한신대학교(http://www.hs.ac.kr/gradu1/7980/subview.do)
- 한양사이버대학교(http://psy.hycu.ac.kr/) • 호서대학교(http://iopsy.hoseo.ac.kr)

나의 미래 계획 다이어리

나를 알아보는 단계

미래 계획을 세우기 전에 나를 알아보는 것은 중요하다. 재능 있는 사람도 즐기는 사람을 당할 수 없다고 한다. 내가 가장 좋아하고 잘할 수 있는 일은 무엇일까? 자신이 좋아하는 일들로 지면을 가득 채워 보자!

난 게임이라면 자신 있어! 이래봬도 고수란 말씀!

게임 얘기 할 줄 알았어. 난 놀고먹는 게 제일 좋은데 어쩌나~

보너스 문제

이것만은 절대 못 하겠다!

다른 건 어떻게 해 보겠는데, 정말 하기 싫은 것이 있을 것이다.

눈치 보지 말고, 마음껏 적어 보자!

본격적인 계획 단계-목표 설정
나에 대해 알아보았으니 이제 본격적으로 자신만의 맞춤 계획을 세워 보자. 먼저 자신이 무엇을 하고 싶은지 적어 보자. 목표가 확실하지 않으면 계획을 진행하기 어렵기 때문에 신중히 생각해야 한다.

부자가 되는 것도 좋지만,
실현 가능한 목표를 세우는 것이 중요해.
그러기 위해서는 좀 더 구체적으로
생각하는 게 좋겠지?

나는 부자가
될 거야!

실행 단계
목표를 정했으니 이제 거침없이 계획을 진행해 보자. 자신이 세운 목표
를 이루기 위해서는 어떤 일들을 해야 하는지 적어 보자.

나의 목표-방학 동안 5kg 감량

계획
저녁은 오후 7시 이전에 먹는다. → 저녁은 안 먹지만 야식은 먹었다.
일주일에 3번 이상 줄넘기를 한다. → 일주일에 3번 이상 줄만 간신히 넘었다.
군것질을 줄인다. → 군것질은 줄였지만 외식이 늘었다.

단, 계획이 잘 실행되고 있는지 수시로 체크하는 것이 중요하다!

10년 후 나의 모습

이렇게 계획을 세우는 것만으로도 마음이 든든하다. 이 든든한 마음을 가지고 10년 후 자신의 모습을 생각해 보자!

파티시에가 되어서 사람들에게
꿈과 희망도 같이 나눠 주고 있을 것 같아!
상상만으로 빵 냄새가 솔솔 나는 것 같아.

와~ 그럼,
나 빵 많이
주어야 해!
꼴찌로~

MEMO

손강숙 교수는...

현재 중앙승가대학교 상담학 전공 교수로, 심리학 관련 다양한 이론 교수 및 심리학 제 이론들의 인간 행동 관련성을 지속적으로 연구하고 있다. 주로 한국심리학회 산하 상담심리학, 사회문제심리학, 학교심리학 분과, 그리고 한국상담학회 산하 집단 상담 분과에서 활동하며 청소년, 성인, 노인 대상의 척도 개발, 프로그램 개발 및 효과 검증 관련 논문을 다수 발표하였다. 《비자발적인 내담자와 상담하기》, 《사랑의 심리학》, 《심리학의 역사》를 번역하였다.

나의 미래 공부 20

MT 심리학

초 판 1쇄 찍은날	2020년 3월 30일
초 판 1쇄 펴낸날	2020년 4월 6일

저자 손강숙
펴낸이 서경석
편집 김진영, 박고은 **디자인** All Design Group **일러스트** 문수민, 박호준
마케팅 서기원 **제작 · 관리** 서지혜, 이문영
펴낸곳 청어람장서가 **출판등록** 2009년 4월 8일(제 313-2009-68호)
주소 경기도 부천시 부일로483번길 40 (14640)
전화 032)656-4452 **팩스** 032)656-9496

정가 13,000원
ISBN 979-11-86419-62-5 44080
      978-89-93912-66-1(세트)

이 도서의 국립중앙도서관 출판예정도서목록(CIP)은 서지정보유통지원시스템 홈페이지(http://seoji.nl.go.kr)와 국가자료공동목록시스템(http://www.nl.go.kr/kolisnet)에서 이용하실 수 있습니다. (CIP제어번호 : CIP2020010299)